Bernd Storz

Wir vom Jahrgang

1951

Kindheit und Jugend

Impressum

Bildnachweis:

Titel: Bernd Storz: oben, Presse–Bild–Poss, Siegdorf: unten

Bernd Storz: S. 4, 7, 8 (2), 10, 11 u, 20 u, 23u, 25 re (2), 26 o, 37 re und li, 39 u, 45, 57, 62; Haus der Geschichte Baden-Württemberg (Fotograf Hannes Kilian): S. 6; Clemens Wagner: S. 8 u, 9 li; Margarete Battke: S. 9 re; Hildegard Bock: S. 11 o; ullstein bild: S. 12 o, 13, 22, 27, 40 o; Archiv Eugen Sauter: S. 12 u, 37 o; ullstein bild-Klaus Rose: S. 14; Ursula Daetz: S. 15; Hans und Lydia Kunz: S. 18; Presse-Bild-Poss, Siegsdorf: S. 19 o, 23 mi, 33, 34, 35 (2), 36 u, 49 o; ullstein bild-Imagno: S. 21; ullstein bild-Siemens AG: S. 23 o; 50er Jahre Museum Büdingen: S. 24 (2), 49 u; ullstein bild-Oscar Poss: S. 25 o, 36 o; Helmut Wenz: S. 25 li; Gerhard Seyfert: S. 26 li u; Lieselotte Klein: S. 26 re u; ullstein bild-H.Schmidt-Luchs: S. 28; Erika Görke: S. 29 u; Stadtarchiv und Stadthistorische Bibliothek Bonn: S. 29 o; Archiv Gustav Hildebrand: S. 30 o und u li; Archiv Georg Eurich. S. 30 re; ullstein bild - Pictures from History: S. 31; Karin Reichert: S. 39 o; Paul Swindoff: S. 40 re, 41; Veronika Mölle: S. 42; Ingeborg Römer: S. 43; Stadt Gladbeck, Archiv: S. 46 u; Ullstein bild-United Archives: S. 44 o, 46 o; picture alliance-dpa: S. 44 u; © SchneiderBuch in der Harper Collins Germany GmbH, Hamburg: S. 48 u; Axel Kloebel: S. 48 o; ullstein bild-Werner Otto: S. 50; ullstein bild-Hilde: S. 51; ullstein bild – Gert Kreutschmann: S. 53, 54; Fritz Reinecke: S. 55; ullstein bild-Popper Ltd.: S. 58 u; ullstein bild – RDB: S. 58 o; Tübinger Blätter (1965), 52. Jahrgang, hrsg. vom Bürger- und Verkehrsverein Tübingen e. V.), S. 60; Ray Binder: S. 63

Besuchen Sie das 50er-Jahre-Museum in Büdingen mit seinen unzähligen Exponaten aus einer spannenden Epoche:

50er-Jahre-Museum e.V.
Auf dem Damm 3
63654 Büdingen
Tel.: 06042/950049

Wir danken allen Lizenzträgern für die freundliche Abdruckgenehmigung. In Fällen, in denen es nicht gelang, Rechtsinhaber an Abbildungen zu ermitteln, bleiben Honoraransprüche gewahrt.

20. Auflage 2025
Gestaltung und Satz: r2 | Ravenstein, Verden
Druck: Druck- und Verlagshaus Thiele & Schwarz GmbH, Kassel
Buchbinderische Verarbeitung: Buchbinderei S. R. Büge, Celle
© Wartberg-Verlag GmbH
34281 Gudensberg-Gleichen • Im Wiesental 1
Telefon: 056 03/9 30 50 • www.wartberg-verlag.de
ISBN: 978-3-8313-3051-5

Liebe 51er!

*Man kann das Gegenwärtige
nicht ohne das Vergangene erkennen.*
Johann Wolfgang von Goethe: Italienische Reise

Dass wir selbst einmal als „Zeitzeugen" gelten könnten – wer hätte je daran gedacht? Schließlich war es die Generation unserer Eltern und Großeltern, die die beiden großen Kriege des letzten Jahrhunderts erlebt hat, und alle guten und „schlimmen Zeiten", wie sie es nannten, die dazwischenlagen. Erst heute wird uns bewusst, dass unsere eigene Kindheit und Jugend eng verknüpft ist mit dem Beginn eines neuen Zeitalters, das den Alltag der Menschen in Mitteleuropa in einem zuvor in Friedenszeiten nie gekannten Ausmaß verändert hat. Auto und Fernsehen, der Sieg über Kinderlähmung und Tbc, Massentourismus und Popmusik. Und dies alles im Rahmen von einschneidenden weltpolitischen Veränderungen, die bis heute nachwirken – vom Vietnamkrieg bis zur Studentenrevolte in Europa und den USA. Allerdings: Auch wenn sich der Wohlstand im Westen Deutschlands nach dem Krieg in einem nie zuvor gekannten Tempo entwickelte, so bekamen viele Menschen doch auch die harten Gegensätze dieser Aufbruchszeit zu spüren. Die 50er, das waren nicht nur der erste Italienurlaub, Isetta und Rock 'n' Roll, die 60er nicht bloß Minirock, Fury und Beatles. Erst im Rückblick werden die Dimensionen deutlich.

Bernd Storz

1951-1954
Trümmer und Träume

Zwischen heißem Wasser und Zigarettenqualm

Die meisten Neugeborenen dürften anno 1951 erst einmal ins Licht der elterlichen Schlafzimmerbeleuchtung geblinzelt haben. Obwohl riskant, wollten viele Mütter eine Hausgeburt. Wenige Jahre zuvor mussten Schwangere noch

Chronik

18. Januar 1951
Uraufführung des Films „Die Sünderin". Die erste Nacktszene mit Hildegard Knef führt zu heftigen und handgreiflichen Auseinandersetzungen.

17. März 1951
Die SED, staatstragende Partei der DDR, richtet sich per Dekret gegen alle Kunstrichtungen, die nicht ihrer Vorstellung eines „Sozialistischen Realismus" entsprechen.

10. April 1951
Mitbestimmung bei Montan-Union (Europäische Gemeinschaft für Kohle und Stahl): Gesetz zur gleichberechtigten Besetzung von Arbeitnehmer- und Arbeitgebervertretern in den Aufsichtsräten.

24. April 1951
Die Adenauer-Regierung verbietet die Volksbefragung über die Remilitarisierung der Bundesrepublik.

10. März 1952
Der sowjetische Staats- und Parteichef Josef W. Stalin schlägt den Westmächten Wiedervereinigung und Neutralität Deutschlands vor. Adenauer lehnt ab.

25. April 1952
Gründung des Bundeslandes Baden-Württemberg durch Zusammenlegung der Länder Baden, Württemberg-Baden und Württemberg-Hohenzollern.

17. Juni 1953
Massenstreiks und Demonstrationen in den Großstädten der DDR und Ostberlins gegen Erhöhung der Arbeitsnormen führen zu einer Erhebung gegen das SED-Regime, die durch Einsatz sowjetischer Truppen blutig niedergeworfen wird.

18. Februar 1954
Die Viermächtekonferenz in Berlin über die Wiedervereinigung Deutschlands scheitert.

23. Oktober 1954
„Pariser Verträge": Die Bundesrepublik tritt der NATO und der WEU bei. Damit endet die Besatzungszeit.

2. Dezember 1954
Die Ostblockländer beschließen die Aufstellung von Streitkräften in der DDR, die inoffiziell bereits seit 1952 existieren.

Kohlen in den Kreißsaal mitbringen, wenn sie im Krankenhaus gebären wollten. Zu Hause stand eine stramme Hebamme bereit, assistiert von einer unserer Großmütter, während sich Opa bei einer Schachtel Reval um den werdenden Vater kümmerte. Draußen im Wohnzimmer, versteht sich, und nicht nur wegen des Qualms. Gebären fand unter Ausschluss der Männer statt. Im Hauseingang stand schon der Kinderwagen für die erste Ausfahrt bereit: Ein eierschalenweiß lackiertes Korbgeflecht, fest montiert auf einem Fahrgestell aus Metall. Unser erster fahrbarer Untersatz.

In welche Welt geboren?

Die größten Ruinenfelder waren geräumt, aber Baulücken mit großflächigen Brandmauern und mit Bretterverschlägen abgeschirmte Trümmerhalden gab es noch lange. Autos hatten Seltenheitswert, und trotz zunehmenden Aufkommens von Motorrollern und Mopeds konnten unsere Mütter uns noch unbehelligt durch die Straßen schieben. Was uns bei einer Kinderwagenfahrt kaum aufgefallen sein dürfte: Die einarmigen Männer, die Kriegsversehrten an Krücken. Doch auch viele typische Details im Stadtbild der frühen 50er-Jahre werden erst rückblickend deutlich. Ob Fotohaus, Bekleidungsge-

1. bis 3. Lebensjahr

schäft oder Bäcker, die spärlichen Firmenschriftzüge nannten meistens schlicht und einfach den Namen des Geschäftsinhabers: Schanz und Sohn, Karl Maier, Julius Müller. Manchmal noch ein Beiwort wie Hosen-Eck, Kohlen-Max, oder seltener ein Markenname wie Agfa oder Volkswohl. Niemand wäre auf die Idee gekommen, einen Laden Schuh-Box, Besteck-Insel, Jeans-Garden oder Hair-Art zu nennen. Werbung fiel einem höchstens in Form großformatiger Persil-Plakate an Bretterwänden oder Litfaßsäulen ins Auge.

Mit Panzern gegen das Volk

Zahlreiche Künstler hatten sich nach Ende des Zweiten Weltkriegs bewusst in der DDR niedergelassen. Abgeschreckt von der Rehabilitierung von Naziverbrechern, die im Westen wieder in Amt und Würden kamen und der Restaurierung des kapitalistischen Systems, erhofften sie sich in einer sozialistischen Demokratie die große Chance der Menschheit auf ein gleichberechtigtes und friedliches Miteinander. Diesen Wunsch teilten sie mit vielen Menschen, die im Westen verblieben waren. Doch spätestens mit dem 17. Juni 1953 kamen Zweifel auf an der Redlichkeit des DDR-Regimes, obwohl auch westliche Geheimdienste die Unruhen schürten. Sowjetische Panzer fuhren gegen das Volk auf, das sich eigentlich nur gegen Normerhöhungen bei der Arbeit wehren wollte. Die Ereignisse um den 17. Juni wurden von West und Ost jahrzehntelang eindimensional interpretiert. Erst zwanzig Jahre später (1974) gab der Doku-Roman des in der DDR verbliebenen Schriftstellers Stefan Heym komplexe Hintergrundinformationen über den 17. Juni. West und Ost fühlten sich durch die Veröffentlichung gleichermaßen brüskiert. Kaum zwanzig Jahre danach – die Mauer ist gefallen – verweigert die CDU/CSU-Fraktion (außer Rita Süssmuth) demonstrativ den Applaus zu seiner Rede, die Stefan Heym als Alterspräsident des Deutschen Bundestags hält. Stefan Heym (geb. 1913), dessen Familie in den Vernichtungslagern der Nationalsozialisten ums Leben kam, machte sich mit seinen Bemühungen um eine kritische Objektivierung des Blicks in der DDR zum Dissidenten. Am 16. Dezember 2001 stirbt er in Israel.

Mit dem Schlitten auf den „Monte Scherbelino"

Richtig lange Schneewinter gab es noch, und sogar in der Stadt blieb der Schnee liegen, sodass man uns auf dem Schlitten durch die Straßen ziehen konnte bis zur großen Trümmerhalde außerhalb. Schlitten fahren auf dem „Monte Scherbelino"! Die unverwüstlichen Holzschlitten sind

Auch im Winter: Die ganze Nachbarschaft versammelt auf der Straße.

1. bis 3. Lebensjahr

eine der ganz wenigen Kindheitssachen, die auch heute noch gebaut werden. Was es mit den großen städtischen Schuttbergen auf sich hatte, erfuhren wir erst später in Heimatkunde. Wenn überhaupt.

Nicht nur zur Weihnachtszeit: Verwandtenbesuche wurden großgeschrieben.

Fotos mit gezacktem Rand

Die günstigen Fotoapparate, die auf den Markt kamen, lösten eine wahre Euphorie aus. Jedes familiäre Erlebnis musste auf einem grau weißen, sich ständig kringelnden und an den Seiten perforierten Streifen festgehalten, und die Schwarz-Weiß-Aufnahmen im Fotogeschäft mit liebevoll gezackten Rändern fürs Familienalbum reproduziert werden.

Dem Anlass angemessen.

Hübsch rausgeputzt für die Spritztour.

Noch sind die 50er die Zeit der Patriarchen, und Gehorchen gilt als eine der obersten Tugenden. Doch viele junge Familienväter suchen nach der Zeit erschütterter soldatischer Männlichkeitstugenden nach neuen emotionalen Erfahrungen. Zwar glauben noch viele, sie bringen ihren Sprösslingen Schwimmen bei durch einen Schock-Schubs ins tiefe Wasser und unternehmen Endlos-Wanderungen, um sie abzuhärten. Andere aber entdecken eine neue Zärtlichkeit. Selbst Kinderwagen schieben ist für sie kein Tabu mehr.

Süß sahen wir aus im Selbstgenähten

Was haben sie nicht alles getan, unsere Mütter, um ihre Kleinsten auszustaffieren, sie so süß wie möglich aussehen zu lassen! Schleifchen im Haar, Rattenschwänzchen. Und statt Billig-Klamotten für Kids gab es Schnittmuster-Zeitschriften und die noch von Fuß betriebene Nähmaschine.

Mädchen durften wochentags mit handgestrickten Strickjäckchen, -röckchen und Ringelsöckchen auf die Straße. Auch gerüschte Röckchen und weiße Batistschürzchen waren „in", während die Jungs in vererbten Hochwasserhosen herumlaufen mussten oder im Sommer mit der obligatorischen Lederhose. Weniger beliebt bei den kleinen Damen waren die kratzigen Wollstrümpfe, die mit langen Strumpfhaltern an die Leibchen geknöpft werden mussten.

TBC, Kinderlähmung & Co.

Ein Apfel: Nach den Jahren des Mangels, den sie am eigenen Leib erfahren hatten, war eine gesunde Ernährung ein besonderes Anliegen unserer Eltern. Allerdings schöpften sie ihr Wissen mehr aus Überlieferungen als aus ernährungswissenschaftlichen Kenntnissen. Für die Zeit, da wir noch nicht fest zubeißen konnten, gab es schöne Apfelreiben aus Glas, in die unsere Mütter die geschälten Apfelstückchen in liebevoller Kleinarbeit zu Mus rieben, das seitlich in die schiffchenartig geformten Rinnen floss.

Ansteckende Krankheiten konnten Kindern in den ersten Lebensjahren durchaus das Leben kosten. Die Lungentuberkulose erfasste viele Kleinkinder mit geschwächtem Immunsystem – eine Folge der schlechten Lebensbedingungen der Nachkriegszeit. Bei Verdacht musste man zum „Durchleuchten", wie das Röntgen damals genannt wurde. Zur Therapie isolierte man die sich schreiend an ihre Mütter klammernden Kinder und steckte sie wochenlang in von Nonnen oder Diakonissen geführte Erholungsheime.

Nicht unberechtigt war auch die Angst der Eltern vor der immer wieder sich epidemieartig ausbreitenden Kinderlähmung, gegen die es erst in den 60ern Impfstoffe gab, und der Hirnhautentzündung. Beide konnten tödlich enden. Dagegen waren Mumps, Masern und Windpocken „Peanuts", wie man heute sagen würde. Durch die musste man einfach durch.

Von Nonnen geführte „Kindergesundungsstätte" für an Lungentuberkulose erkrankte Kinder.

Der Teller wird leer gegessen!

Manche Großmütter behaupteten, sie hätten die Hungersnot der unmittelbaren Nachkriegszeit nur durch ein Glas Bier täglich überlebt. Großväter beriefen sich auf ihre Zigaretten, die ihnen schon an der Front das Überleben gesichert hätten, weil das Rauchen das Hungergefühl reduziert. Die Angst, nicht genügend zu essen zu bekommen, grub sich tief in unser kindliches Bewusstsein ein. Und erfuhr sie nicht ständig Bestätigung, wenn die Eltern den Verwandten die Riesenvorräte an Konserven und Hartwurst vorführten, die sie in Kellerschränken horteten? Der Krieg war gerade erst vorüber, doch schon sollte man sich wieder erneut militärisch wappnen gegen den Feind im Osten. Da deckte man sich lieber rechtzeitig ein und brachte seinen Kindern bei, immer schön den Teller leer zu essen.

Von Puppen und Bären

Helmut, Hans oder Peter nannten wir unsere Teddybären, und unsere ersten Puppen hießen Annie, Heidrun oder Sabine. Ehe der große Plastikboom auch die Spielzeugbranche erfasste, waren unsere von den Großeltern über den Krieg geretteten Schildkröt-Puppenkinder aus Zelluloid, hatten bemalte Haare und

Puppenkleider „richtig" waschen: In der Puppenwaschmaschine aus Metall.

1. bis 3. Lebensjahr

Augen und konnten sich bei einem handfesten Streit unter Geschwistern durchaus einmal einen richtigen „Dachschaden" zuziehen. Teddybären waren mit Baumwolle gefüllt, und wer sein Innenleben etwas genauer unter die Lupe nehmen wollte, erlebte sein staubiges Wunder.

Woran wir uns mindestens so gut erinnern sind die Gerüche unserer Kindheit. Die Waschküche: Eine Mischung aus Modergeruch, frischer Seife und menschlichen Ausdünstungen. Später mischte sich in die Kellerluft der Geruch des Öls, nachdem ein Blechtank den Platz von Eierkohlen und Briketts eingenommen hatte. In großen Kannen schleppten die Eltern die honiggelbe Flüssigkeit zu den neuen Öfen in der Wohnung, in denen man mit einem Kunstwachs-Anzünder mühsam Feuer entfachte.

Der Schlaf war schneller.

Schlager und Schlaflieder

Musikalische Früherziehung bestand für die meisten von uns in einem Mix aus Radio, Schallplatten, die sich die Eltern gelegentlich kauften, Liedern, die nur von Kindesmund auf der Straße reproduziert wurden, und Schlafliedern. In der Hitparade der Schlaflieder war das heute noch populäre Volkslied „Guten Abend, gut Nacht" (vertont von Johannes Brahms) der Renner, wobei viele 1951er über die Bedeutung des Ausdrucks „… mit Näglein besteckt" rätseln. Dabei handelt es sich weder um kleine Stahlnägel noch um Fliederblüten, sondern um Nelken, für die der Begriff „Nägele" mundartlich gebraucht wird.

Darüber hinaus übten auch Namen wie Vico Torriani (Santa Lucia), Caterina

Caterina Valente.

Valente („Hat 'nen Popo wie 'ne Ente", feixten wir später), Lale Andersen (Blaue Nacht am Hafen), Peter Alexander (Die süßesten Früchte) und auch „Der Theodor im Fußballtor" von Theo Lingen einen unwiderruflichen Einfluss auf unser musikalisches Langzeitgedächtnis aus.

Prominente 51er

30. Jan.	**Phil Collins**, britischer Pop- und Rockstar
24. März	**Tommy Hilfiger**, US-amerikanischer Mode-Designer
30. März	**Wolfgang Niedecken**, Begründer der deutschen Rockgruppe BAP
15. April	**Bernhard Lassahn**, deutscher Schriftsteller
10. Mai	**Petra Hammesfahr**, deutsche Schriftstellerin und Drehbuchautorin
22. Juni	**Elvira Bach**, deutsche Künstlerin
21. Juli	**Robin Williams**, US-amerikanischer Schauspieler († 2014)
5. Sept.	**Paul Breitner**, deutscher Fußballnationalspieler von 1971 bis 1975 und 1981 bis 1982
24. Sept.	**Heinz Hoenig**, deutscher Filmschauspieler
29. Sept.	**Jutta Ditfurth**, deutsche Publizistin, Mitbegründerin der Partei „Die Grünen"
2. Okt.	**Sting** (G.M.T. Sumner), britischer Rockmusiker
5. Okt.	**Bob Geldof**, irischer Musiker
14. Dez.	**Mike Krüger**, deutscher Kabarettist und Sänger

1954 – Von nun an geht's bergauf

Die Menschen im Westen Deutschlands beginnen die Früchte des ungeheuer dynamischen wirtschaftlichen Aufschwungs, der als „Wirtschaftswunder" in die Geschichte eingegangen ist, zu ernten. Die in Wolfsburg (VW), Untertürkheim (Mercedes-Benz), München (BMW) und Neckarsulm (NSU) produzierten Automobile werden zum Exportschlager Nummer 1. Und noch nie wurden so viele Konsumartikel zur gleichen Zeit benötigt. Ludwig Erhard und seine Zigarre werden zum Symbol für den neuen Wohlstand. Seit der Währungsreform 1948 sind die Reallöhne um 50 Prozent gestiegen – zum Preis einer 48-Stunden-Woche inklusive Samstagsarbeit, versteht sich. Man spricht davon, dass nach der Fresswelle die Einrichtungswelle folgt, die von der Reisewelle abgelöst wird.

Das Plastikzeitalter beginnt: Mehr und mehr Produkte des täglichen Bedarfs werden aus neu entwickelten Kunststoffen hergestellt. Sogar im Textilbereich erobern Kunstfasern den Markt. Wohlstand für alle? Noch immer lebt ein Fünftel der Bevölkerung mit etwa 250 DM Einkommen im Monat am Rande des Existenzminimums. Nur jeder Zehnte kann sich eine Waschmaschine leisten. Mehr als 70 Prozent der Bevölkerung muss mit Ein- bis Zweizimmer-Wohnungen auskommen, und viele Wohnungen sind noch immer ohne Bad und WC. Doch auch das sollte sich nach und nach ändern.

In den Städten nahm der Verkehr zu.

Glückwunsch zum dritten Geburtstag!

Du hast deinen Brumm-Kreisel bekommen, den du schon bei anderen Kindern gesehen hast. „Haben!" hast du gefordert, und jetzt steht er da. Deine Eltern haben es dir mit der Verpackung leicht gemacht. Ein bunt lackiertes rundes Blechding mit einem Stehfuß und oben mit einem Knopf an einer Spirale aus Metall, den du gleich packst. Du weißt schon, wie es geht. Du ziehst den Knopf rasselnd heraus wie einen Stöpsel und drückst ihn gegen Widerstand herunter. Dein Kreisel beginnt sich zu drehen. Er singt: Blechmusik! Du kriegst große Augen und strahlst dein Glück zurück.

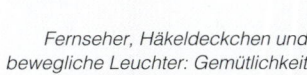

Fernseher, Häkeldeckchen und bewegliche Leuchter: Gemütlichkeit und Unterhaltung im Wohnzimmer.

Der Beginn des deutschen Fernsehens

Vom ersten Probelauf bis zum Massenmedium braucht das Fernsehen nur wenige Jahre. Von nun an wird es in vielen Familien zum Mittelpunkt: Geliebt, umstritten, aber nicht mehr wegzudenken. Die „Tagesschau" teilt den Abend ein: In ein zuvor unbekanntes „Vor acht" und „Nach acht". Und nie zuvor hatten so viele Menschen gleichzeitig Zugang zu Informationen und Unterhaltung: Eine völlig neue Feierabendkultur.

Am ersten Weihnachtsfeiertag 1952 erleben 4000 TV-Empfänger des Norddeutschen Rundfunks das erste zweistündige Programm in Schwarz-Weiß: Die Übertragung des Fußballspiels St. Pauli gegen Hamborn. 1954 geht es dann Schlag auf Schlag: Im September startet die erste deutsche Familienserie „Familie Schölermann", im Oktober beginnt die tägliche

Ausstrahlung der „Tagesschau". Und im November verfolgen mehrere Zehntausend Zuschauer das erste Gemeinschaftsprogramm der ARD. Im gleichen Jahr noch folgt die erste Eurovision der Fußball- WM. 1959 flimmert die Mattscheibe schon in drei Millionen Haushalten.

Noch keine zehn Jahre seit Beginn des Fernsehens sind in Deutschland vergangen, da wird – 1961 in Mainz – das Zweite Deutsche Fernsehen gegründet, das ab 1967 wie das Erste auch in Farbe empfangen werden kann. Werner Höfers „Internationaler Frühschoppen" und Robert Lembkes „Heiteres Beruferaten" sind die Prototypen des Fernseh-Talks, und Peter Frankenfeld und Hans-Joachim Kulenkampff die Moderatoren der „ersten Stunde".

Erziehung mit dem Kochlöffel

Fremde Väter, fremde Kinder

Bärtig, mager, auf dem Kopf eine braungrüne Kappe und auf dem Rücken einen abgeschabten Rucksack: So standen sie oft vor der Haustür, die Männer, die spät aus russischer Kriegsgefangenschaft heimkehrten. Für Kinder unseres Jahrgangs waren sie Fremde, die sie vielleicht nie zuvor gesehen hatten. Viele der sogenannten Spätheimkehrer, die noch bis 1955 nach Hause kamen, hatten jahrelang als vermisst gegolten. Die meisten Männer hatten, stets den Tod vor Augen, unvorstellbares Grauen erlebt, das sie oft für den Rest ihres Lebens stumm machte.

Chronik

6. Mai 1955
Die Bundesrepublik Deutschland tritt der NATO bei.

14. Mai 1955
Gründung des Warschauer Pakts, eines Militärbündnisses zwischen UdSSR, DDR, Albanien, Bulgarien, Polen, Rumänien und der Tschechoslowakei.

9. September 1955
Adenauer besucht Moskau. Er bewirkt die Aufnahme diplomatischer Beziehungen und die Freilassung deutscher Kriegsgefangener.

15. Januar 1956
Ankunft der ersten italienischen „Gastarbeiter".

7. Juli 1956
Einführung der allgemeinen Wehrpflicht mit Recht auf Wehrdienstverweigerung.

17. August 1956
Das Bundesverfassungsgericht verbietet auf Antrag der Bundesregierung die Kommunistische Partei Deutschlands (KPD). Die Partei wird aufgelöst, ihr Vermögen beschlagnahmt.

1. Oktober 1956
Die IG Metall erwirkt die 45-Stunden-Woche bei vollem Lohnausgleich.

23. Oktober 1956
Der Aufstand in Ungarn wird von der Sowjetunion militärisch niedergeschlagen.

19. Februar 1957
Rassistischer Sprengstoffanschlag auf den Musiker Louis Armstrong

3. April 1957
Bundeskanzler Adenauer tritt für die Aufrüstung mit Atomwaffen ein.

1. Juli 1957
Einberufung der ersten Wehrpflichtigen zur Bundeswehr.

4. Oktober 1957
Die Sowjetunion schießt den ersten „Sputnik" in den Weltraum und löst in den USA das Wettrennen im Kampf ums All aus.

Und diese Männer waren nicht die einzigen Fremden für uns. Mit Flüchtlingskindern im Sandkasten? Verboten wurde der Umgang mit den Zugezogenen, den Heimatvertriebenen zwar nicht, aber der immer leicht abschätzige Unterton der Eltern klang einem noch im Ohr, als man schon sprechen und „Warum?" fragen konnte. Manchmal schimpfte man die Fremden auch pauschal „Polacken".

Man mochte sie nicht, die aus dem Osten, aus der Ess-Beh-Zet (Sowjetische Besatzungszone), wie man die DDR damals noch nannte. (Die Erwähnung der Deutschen Demokratischen Republik als eines real existierenden Staates kam damals Landesverrat gleich.) Jedenfalls waren es die, die in den billigen Mietskasernen am Stadtrand wohnten oder in einer der neuen Reihenhaussiedlungen. Auch ihre Nachnamen klangen ganz anders als die der Einheimischen. Und alle seltsam ähnlich: Jendretzke, Jaschkuwitz, Kluge. Außerdem wurden sie bevorzugt, vom Staat, hörte man. Dass ihnen alles nachgeworfen wurde. Dass sie sich ins gemachte Nest setzten. Bloß dass sie ihre Heimat verloren hatten, unsere Brüder und Schwestern. Über den „Eisernen Vorhang" hinweg – die Mauer, die von der DDR-Regierung als „Antifaschistischer Schutzwall" bezeichnet wurde – schickte man den Verwandten auf der anderen Seite, die angeblich nichts zu beißen hatten, „Päckchen nach drüben".

4. bis 6. Lebensjahr

Noch vor der Saison der Luftroller: Auch einfache
Geräte mit Holz- oder Bakeliträdern taten ihren Dienst.

Auf Rädern

Vom Dreirad und Holzroller zum Kettcar: Fahrzeuge werden unverzichtbar für
Kinder. Schnell reagiert die wachsende Spielzeugindustrie auf die wachsende
Automobilindustrie. Für viele Kinder war der Roller mit Luftreifen das erste
exklusive Geburtstags- oder Weihnachtsgeschenk im Leben.
Zum Einkaufen allerdings ging es zunächst nach wie vor zu Frau Heine, gleich
um die Ecke. Diese hatte das Milchgeschäft, in dem es Milch, Butter und Käse
offen zu kaufen gab. Für die Milch brachte man eine Aluminiumkanne mit, die
Butter wurde von einer Rolle portionsweise abgeschnitten und in graues
Butterbrotpapier eingepackt. Vor Festtagen gab es für 20 Pfennig süße Sahne,
die Frau Heine aus einem Holzbottich in eine Schüssel schöpfte, die Mutter ihr
hinschob. Wehe es wurde genascht!

Wer war nicht stolz, zum ersten Mal mit einem Traggestell und einem Zweimarkstück (mit dem Abbild von Max Planck auf der Rückseite) zum Bierholen geschickt zu werden? Zu Frau Müller, Maier oder Spieß, die einen kannten. Mit einem tiefen Seufzer nahmen sie einem das Drahtgestell ab, schlurften in den Keller und erschienen nach endlosen Minuten mit den kühlen Bügelflaschen. Kühlregale gab es noch nicht.

Zu Hause durften wir zur Belohnung vom Rausgeld ein Zehnpfennigstück in unsere Sparbüchse stecken. In Kaiser's Kaffeegeschäft und bei Spar gab es kleine gezackte Rabattmarken, deren Gummierung leicht süß schmeckte und die wir, Reihe für Reihe, sorgsam in Mutters Rabattmarkenheft kleben durften.

Diener und Knicks

Jungen machen Diener, Mädchen machen Knicks: Wer schon mit drei, vier Jahren das Begrüßungsritual beherrschte, diente seinen Eltern zur Ehre. Das Wetteifern um gepflegte Umgangsformen rangierte noch vor der Frage, ob man schon alleine ins Töpfchen macht.

Noch bis zum Schuleintritt diente der „Struwwelpeter" in vielen Familien zur Vermittlung erzieherischer Werte. Das Kinderbilderbuch, bereits 1844 von Heinrich Hoffmann gezeichnet und geschrieben, greift in seinen Geschichten vom „Zappel-Philipp" über den „Suppen- Kaspar" bis zur „Geschichte vom Daumenlutscher" typische kleinkindliche Verhaltensweisen an. Dem Daumen-

lutscher wird von einem Schneider der Daumen abgeschnitten, das zündelnde Paulinchen verbrennt zu einem Häuflein Asche – bis auf seine beiden Schuhe, und der dicke Kaspar, der nicht essen wollte, war „am fünften Tage tot." Kindergarten machte, zusammengedrängt in notdürftigen Ersatzräumen, selten Spaß. Auf den dunklen Gängen der Geruch nach Desinfektionsmitteln und Urin. Mürrische Alte mit strengen Falten auf der Stirn und um die dünnen Lippen führten das Regime. Lustig waren höchstens die Praktikantinnen aus der Diakonissenanstalt – wenn sie durften.

Aufstellen in Reih und Glied und Hände falten. Zucht und Ordnung. Von wegen Stuhlkreis und Einüben in freie Meinungsäußerung. Das einzige Glück: Der Geruch des Ledertäschchens, aus dem man in der Pause Mutters Wurstbrot holen durfte, das, wenn man Glück hatte, „mit ganz dick Butter" bestrichen war. Heimweh. Und Angst vor den hungrigen Pressern, die einem das Brot klauten. Petzen ging nicht, heulen auch nicht. Also durchhalten und „Lobe den Herren" singen. Kastanienmännchen basteln in der Hoffnung, daheim ein Lob zu kriegen.

Doch weh! die Flamme faßt das Kleid, die Schürze brennt, es leuchtet weit. Es brennt die Hand, es brennt das Haar, es brennt das ganze Kind sogar.

Und Minz und Maunz, die schreien gar jämmerlich zu zweien: „Herbei! Herbei! Wer hilft geschwind? In Feuer steht das ganze Kind! Miau! Mio! Miau! Mio! zu Hilf! das Kind brennt lichterloh!"

Verbrannt ist alles ganz und gar, das arme Kind mit Haut und Haar; ein Häuflein Asche bleibt allein und beide Schuh, so hübsch und fein.

Und Minz und Maunz, die kleinen, die sitzen da und weinen: „Miau! Mio! Miau! Mio! wo sind die armen Eltern? wo?" Und ihre Tränen fließen wie's Bächlein auf den Wiesen.

Aus dem „Struwwelpeter".

20

Teppichklopfer, Kochlöffel und Siebenstriemer

Schläge auf alle Körperteile waren gängige Erziehungsmethoden, die auch schon gegen einjährige Kinder angewandt wurden. Völlig unabhängig von ihrer politischen Einstellung waren vom Nazi-Mitläufer bis zum Sozialdemokraten Eltern der Meinung, man müsse den Willen des Kindes „brechen." Manche Kinder wurden dermaßen eingeschüchtert, dass schon ein Fingerzeig auf den „Siebenstriemer" genannten Schlagstock, aus dessen Holzgriff vierkantige Lederriemen sprossen, genügte, um sie zur Ruhe zu bringen. Auch standen viele junge Eltern dem Druck, den ihre Eltern in Erziehungsfragen auf sie ausübten, hilflos gegenüber. Erst in den 60er- und 70er-Jahren führte verbreitete Aufklärung dazu, das Verständnis für die Bedeutung des „Trotzalters" für die Entwicklung des Kindes zu einer selbstsicheren, autonomen Persönlichkeit zu fördern. Folge dieser einseitigen autoritären Erziehung war in den späten 60ern die Gegenbewegung der „antiautoritären Erziehung".

Mutter war eine Verehrerin des Sängers Fritz Wunderlich, der u.a. in der Wiener Staatsoper auftrat.

Unsere erste Schallplatte

Eines Abends zieht der Nikolaus (wir haben unseren Vater unter der Verkleidung erkannt, lassen uns aber nichts anmerken) einen quadratischen farbigen Umschlag aus dem Sack. Mutter öffnet die „Königin von Saba" – so heißt unser Musikschrank aus hellem Holz mit schräg gestellten Beinen und mit eingebauter Radio- und Phonoabteilung. Sonntags werden hier die schwarzen Scheiben aufgelegt, in denen Musik steckt. Vater hört am liebsten Mario Lanza und Benjamino Gigli. Großvater mag „Oh, My Papa", obwohl Eddie Fisher ein Ami ist, und Großmutter bekommt beim Montanara-Chor feuchte Augen, während Mutter für Fritz Wunderlich schwärmt und vor allem für Vico Torriani wegen seines italienischen Charmes.

Jetzt aber tut sie sehr geheimnisvoll und zieht eine neue Platte aus dem Umschlag. Bei 45 Umdrehungen pro Minute lauschen wir versonnen: Hänsel und Gretel, ein Märchenhörspiel. Unsere erste Schallplatte. Damit sie läuft, müssen wir das schwarze Plastikdreieck in der runden Aussparung in der Mitte festdrücken.

„Wer den Tod nicht scheut, fährt Lloyd"

Luxus pur im Westentaschenformat: Lloyd-Cabrio 1956.

Gerade noch erfüllen Motorroller und Moped den ersten Traum von mobiler Unabhängigkeit, da entdecken die Automobilbauer die Käufergeneration der Zukunft. Mit einer Vielfalt von Kleinwagen – zugeschnitten auf den (noch) schmalen Geldbeutel – beginnt der Siegeszug des Autos. Der Erfindungsgeist der Konstrukteure und Ingenieure ist enorm. Noch nie zuvor wurden so viele Patente angemeldet. Blinkleuchten ersetzen den bisherigen ausklappbaren Winker. Eine fast unübersehbare Modellvielfalt zeigt sich am Markt.

Unter dem Spitznamen „Schneewittchensarg", der später noch weiteren Autos vererbt wurde, lief der Kabinenroller des früheren Flugzeugbauers Messerschmitt, ein Dreirad-Fahrzeug mit Vierganggetriebe, dessen sich seitlich öffnendes Plexiglasdach zugleich als Einstieg fungierte.

Die Lloyd Cabrio Limousine LC 600, die sich mit ihren beweglichen Rückenlehnen bereits für Schäferstündchen auf dem Waldparkplatz eignete, galt schon als Luxus pur. Kein Wunder, dass der Viertakter mit 19 PS und 100 km/h Spitze das (o.g.) unvergessliche Sprichwort prägte. Der „Kosename" „Leukoplastbomber" rührt von den mit Kunstleder überzogenen Holzverkleidungen der Nachkriegsmodelle her.

Unterm Weihnachtsbaum

Unterm mit Lametta behängten Weihnachtsbaum, den manche Väter eigenhändig nachts im Wald schlugen, um Geld zu sparen, standen Puppenstube und Kaufladen auf der Wunschliste der Eltern ganz oben. Alle waren fest

davon überzeugt, kleinen Mädchen und Jungen im Kleinkindalter damit die größte Freude zu machen. Wir flüchteten uns bald zu dem kleinen Polizeiwagen aus Holz oder Metall oder zu der ersten Puppe mit „richtigen" Haaren.

Heiligabend wurden Gäste eingeladen. Großmutter, Großvater, ein Onkel oder eine Tante, irgendjemand Alleinstehendes.

Bohnenkaffee war noch etwas Besonderes, Wein aus der Rheinpfalz oder auch ein Fläschchen Kölnisch Wasser. Zwischen einem Popeline-Mantel für Mama, einer Krokodilledertasche aus Schlangenlederimitat und einer Küchenmaschine hatte sich Papa dann doch für den Mixer entschieden, für dessen Kauf er monatelang gespart hatte.

Noch waren die Geschenke im Kinderzimmer aus Metall und Holz.

Dauerwelle und Frauengold – Die Rolle der Frauen in den 50er-Jahren

Von der Werbung wurden unsere Mütter innig umworben – als Heimchen am Herd. Immer mit frischer Dauerwelle kümmern sie sich um ihre Liebsten im Haus, während die Männer das Geld ranschaffen und die Hausfrau mit einer neuen Küchenmaschine, die den Fleischwolf ersetzen soll, mit dem Stärkungsmittel Frauengold, oder auch mit einer hübschen Muranovase überraschen. Doch Deutschlands berühmter Werbeslogan „Bauknecht weiß, was Frauen wünschen" spricht der Wirklichkeit Hohn. Nie zuvor waren so viele Frauen auf eigene Erwerbstätigkeit angewiesen.

Jede achte Frau ist verwitwet und muss sich selbst ernähren. Alleinerziehende stehen nach dem Zweiten Weltkrieg jahrelang im Berufsleben, um das Überleben zu sichern. Tatsachen, die von der patriarchalisch strukturierten Gesellschaft der 50er schlichtweg ignoriert werden. Adenauers Devise folgend, nachdem der Vater das „Haupt der Familie, die Mutter ihr Herz" sei, das „seinen Blutstrom vor allem innerhalb des Familienheims spenden" müsse, wurden dort, wo der Vater nach der Kriegsgefangenschaft wieder zurückkehrte, die Rollen wieder nach altem Muster verteilt. Doch das durch die harten Jahre der Berufstätigkeit erworbene Selbstbewusstsein der Frauen meldete sich zurück. In den 60ern drängten Frauen wieder verstärkt ins Berufsleben, und bald kamen die Jahre, in denen überall heiß über die „Emanzipation der Frau" diskutiert wurde.

Kaiser, wie viele Schritte schenkst du mir?

Endlose Spielnachmittage draußen – Straßenspiel als Teil des Lebens. Noch waren Autos in Wohngegenden so selten, dass man ohne Risiko nicht nur Fußball vor dem Haus spielen konnte, sondern stundenlang mit dem Leiterwagen durch die Gegend zog. Der Kaiser stellte sich mit dem Rücken vor eines der neuen Garagentore oder vor eine der alten Brandmauern. Alle anderen stellten sich in zehn Meter Entfernung in einer Reihe vor ihm auf. Einer nach dem anderen fragte: „Kaiser, wie viele Schritte schenkst du mir?", und der Kaiser entschied, wie weit er jeden an sich heranrücken ließ.

Mecki bei Frau Holle
Ein märchenhafter Reisebericht, aufgeschrieben von ihm selbst

Eis – an zweiter Stelle gleich nach der Muttermilch.

Italien, Italien!

Noch heute glüht das Reisefieber nach dem Süden in uns. Für unsere Eltern war Italien der Inbegriff einer neu gewonnenen Freiheit. Vom Schlagersänger bis zum Nippeshändler profitierte eine neu entste-

19 AVRIL 1956

Eine Postkarte aus Monaco, 1956.

4. bis 6. Lebensjahr

Die Passhöhe als magischer Ort: Auf der Fahrt nach Italien ließ man sich gerne fotografieren.

hende Tourismusindustrie von der Sehnsucht nach Strand und Sonne.
In eiförmigen Dreibettzimmer-Miniwohnwagen ließen wir uns stundenlang – den Plastikeimer auf dem Schoß, falls es uns schlecht wurde – über endlose Alpenpässe schleppen, ertrugen wir geduldig die durch kochende Kühler erzwungene Rast an klaren Gebirgsbächen.

Auf den Serpentinen abwärts änderte sich das Klima, und spätestens bei Meran wussten wir, dass wir in Italien waren: Warme Luft schlug uns entgegen mit neuen Gerüchen, und an den Straßenrändern entdeckten wir ein Gewächs, das wir bisher nur vom Hörensagen kannten: die ersten Palmen.
Später dann Olivenhaine, frische Feigen, die wir von großblättrigen Bäumen pflückten. Der Geruch der Pinien in den Küstenwäldern der Adria. Seeigel und Muscheln des ligurischen Meers. Wir erinnern uns an die Fischer, die morgens die Netze an den Strand zogen. Wer hier schwimmen lernte, würde das Meer nie wieder vergessen!

Mit einem DKW an den Gardasee: 1954 eine Reise der Extraklasse.

Auf dem Weg nach Italien wurde mindestens eine Übernachtung auf einem Campingplatz eingelegt.

1954: Die bayrische Gewerkschaftsjugend demonstriert gegen die Wiederaufrüstung in der Bundesrepublik.

Falsches Spiel – Wiederbewaffnung und atomare Aufrüstung

Im Potsdamer Abkommen der Alliierten 1945 war die Entmilitarisierung Deutschlands beschlossen worden. Doch spätestens als 1950 US-Präsident Truman nach Beginn des Koreakriegs der VR China mit dem Einsatz der Atombombe droht, werden die unter kommunistischem Einfluss stehenden Länder der Sowjetunion und Osteuropas, China, Korea und Vietnam für die kommenden fünfzig Jahre zum erklärten Hauptfeind der westlichen Supermacht.

In Europa wird Deutschland die Rolle als Vorposten gegen die „rote Gefahr" zugedacht. Noch immer unter den Folgen des verlorenen Krieges leidend, war die deutsche Bevölkerung jedoch nicht ohne Weiteres für eine Wiederbewaffnung zu gewinnen. Deshalb wurden die Remilitarisierungs-Pläne von Konrad Adenauer (CDU), der sich öffentlich zunächst gegen eine Wiederbewaffnung aussprach, lange geheim gehalten.

Namhafte Politiker spielten das Doppel-Spiel Adenauers mit. Mit dem berühmt-berüchtigten Spruch „Eher soll mir die Hand abfaulen, ehe ich noch einmal eine Waffe in die Hand nehme!" ging der CSU-Politiker Franz Josef Strauß auf Stimmenfang. 1955 avanciert er zum ersten Bundesminister für Atomfragen, ein Jahr später zum Verteidigungsminister. Auch Bundespräsident Heuss äußert sich 1949, er sei „absolut gegen eine deut-

sche Wehrmacht." Schon zwei Jahre später war er anderer Ansicht. Doch als die Pläne Adenauers ans Licht der Öffentlichkeit treten, bildet sich eine breite inner- und außerparlamentarische Oppositionsbewegung.

1950 tritt Innenminister Heinemann (CDU) zurück, als er erfährt, dass Adenauer den USA in einem geheimen Memorandum die Aufstellung deutscher Truppen im Rahmen einer europäischen Armee anbot. Doch als auch die sozialdemokratische Opposition mit Herbert Wehner zu der Meinung umschwenkt, die inzwischen stark angewachsene Bewegung für ein Volksbegehren – die inzwischen neun Millionen Stimmen gesammelt hat – sei ungesetzlich, wird die Volksbefragung gegen die Wiederbewaffnung Deutschlands von der Bundesregierung am 24. April 1951 verboten.

Am 11. Mai 1952 beteiligen sich 30 000 Menschen im Ruhrgebiet, vorwiegend Jugendliche, an einer „Jugendkarawane" gegen die Wiederaufrüstung. Die Polizei schießt auf die Teilnehmer und tötet den Jugendlichen Phillip Müller. Ein Tod, der bis heute kaum Erwähnung findet. Auf Antrag der Bundesregierung erklärt das Bundesverfassungsgericht am 30. Juli 1958 eine Volksbefragung über die atomare Ausrüstung der Bundeswehr für verfassungswidrig.

4. bis 6. Lebensjahr

1958–1961

Griffel, Schwämmchen, Schiefertafel

Dem Vater beim Autowaschen zu helfen, gehörte dazu.

Unser erstes Auto

„Große Schnauze – nichts dahinter!" So schossen wir zurück, wenn unsere Freunde damit angeben wollten, der Ford Taunus ihres Vaters habe mehr Pferdestärken als unser Opel Rekord. Aber da waren wir ja schon weiter.

Für viele der Einstieg in die Welt des Autos: BMW-Isetta, die Knutschkugel.

Chronik

10. März 1958
SPD und DGB gründen die Initiative „Kampf dem Atomtod". Im Bundestag kommt es zu heftigen Auseinandersetzung um die Pläne der Adenauer-Regierung zur Ausrüstung der Bundeswehr mit Atomwaffen.

1. Juni 1958
Charles de Gaulle wird französischer Staatspräsident.

1. Juli 1958
Der Auftrag des Grundgesetzes „Männer und Frauen sind gleichberechtigt" wird durch das Gleichberechtigungsgesetz umgesetzt.

1. Januar 1959
Kubanische Revolution: Sturz des kubanischen Diktators Batista durch Fidel Castro.

1. Juli 1959
Heinrich Lübke wird Bundespräsident.

7. September 1959
Armin Hary läuft als erster Mensch 100 Meter in 10,0 Sekunden.

27. September 1959
Der sowjetische Regierungschef Chruschtschow verkündet das Prinzip der „friedlichen Koexistenz" von Ost und West.

6. März 1960
Im Schweizer Kanton Genf erhalten die Frauen das Wahlrecht.

18. August 1960
Die Anti-Baby-Pille kommt in den Handel.

12. April 1961
Erster bemannter Raumflug durch den russischen Astronauten Gagarin.

13. August 1961
Sperrung der Grenzen der DDR zur Bundesrepublik. Baubeginn der Berliner Mauer.

15. Dezember 1961
Der SS-Offizier Adolf Eichmann, einer der Organisatoren des Völkermords an den europäischen Juden, wird in Israel zum Tode verurteilt.

Denn am Anfang, nach dem Motorroller, kam ja erst mal eine Isetta. Vielleicht hatten wir ja auch die Phase der Kabinenroller übersprungen und machten gleich mit einem Vier-Ringe-Wagen der Autounion (heute Audi) weiter. Den unvergleichlichen Klang eines DKW-Motors beim Starten ahmten wir Kinder noch jahrelang nach.

Großes Ereignis: Ein Mercedes 190 SL.

„Zwei zu zwei aufstellen!" hieß es befehlsartig,
ehe sich die Klasse irgendwohin bewegte.

Griffel, Schwämmchen, Schiefertafel

Dann war er endlich da, der erste Schultag. Die Schiefertafel hatten uns unsere
Eltern in einem liebevoll verschnürten Päckchen geheimnisvoll überreicht. Der
Griffel kratzte auf dem schwarzgrünen, linierten Tableau der mit Holzrand
eingefassten handlichen Tafel. Buchstabe für Buchstabe in Druckschrift. Mit
einem trockenen Tüchlein, das an der Tafel befestigt war, durfte man Fehler
wegwischen. Der auffliegende Staub blieb an den Fingern haften. Das
Schwämmchen steckte in einer kleinen, mit Wasser gefüllten Aluminiumdose.
Am Schluss der Stunde hieß es Tafel
sauber wischen. In der Berührung mit
Wasser nahm das matte Dunkelgrün der
Tafel ein sattes Schwarz an.

Sogar auf der Schultüte klebt ein Fahrzeug.

Eng, stickig, die Tafel verdunkelt das Fenster.

Von Goliaths, Borgwards und Käfern

Zwar wurde an der Wiege des Automobils von Gottlieb Daimler und Wilhelm Maybach bereits um die Jahrhundertwende gebastelt, und Prototypen des Gefährts auf vier Rädern liefen schon lange vor dem Krieg durch Europa und die USA. Auch der „Käfer", das erfolgreichste Nachkriegsauto in Deutschland und Symbol des „Wirtschaftswunders", erlebte seine Geburtsstunde bereits 1934 – von Hitler in Auftrag gegeben.

Im Dezember 1961 lief bei VW der fünfmillionste Käfer vom Band.

Doch der eigentliche Siegeszug des Automobils beginnt in den 1950er-Jahren. Das Auto wird zum Statussymbol und Kultobjekt, schafft neue Freizeit- und Reisegewohnheiten und spiegelt sich in Filmen und Schlagern der Zeit. Die „Artenvielfalt" zwischen Kleinstwagen und den Luxuskarossen von Mercedes-Benz und BMW ist enorm. Herr der vier Ringe ist DKW, eine Gemeinschaftsproduktion von Audi, Horch und Wanderer, der für den Durchbruch des Frontantriebs sorgt. Eines der schönsten Coupés baut Borgward in Bremen mit seinem Modell „Isabella." Die Firma geht 1961 in Konkurs. Familienauto Nr. 1 sind Opel Olympia und Rekord und die Taunus-Reihen von Ford. Am Ende der 50er sind zweimal so viele Autos als Krafträder zugelassen, ist der „fahrbare Untersatz" längst zum Maßstab für neuen Wohlstand geworden.

Das große Schweigen

„Es gab einen jüdischen Jungen in unserer Klasse. Er war dunkelhäutig, schwarzhaarig und frech. Weil er zudem auch hübsch war, mochten wir ihn. Aber wir konnten unsere Sympathie nicht zeigen. Vielleicht lag das daran, dass unsere Religionslehrerin uns und ihn in jeder Stunde daran erinnerte, dass er nicht an Gott glaubte. Nicht an den unseren jedenfalls. Irgendwie machte sie ihn ständig nieder und isolierte ihn von uns. Nicht so offensichtlich, aber so, dass wir alle letztlich nichts mit ihm zu tun haben wollten. Zehn Jahre zuvor hatte sie sich als Gemeindeschwester bei der Leibesvisitation der letzten jüdischen Mitbürger beteiligt, die man im Gemeindehaus versammelt hatte vor ihrem Abtransport nach Riga. Sie war auch bei den NS-Frauen aktiv gewesen in irgendeiner

Organisation, wie wir später herausbekommen hatten. Gesprochen wurde zu Hause nicht darüber. Und was in Riga passiert ist, wisst ihr ja." (Protokoll-Auszug Interview Klaus D., Jahrgang 1951, über seine Grundschulerlebnisse.)

Geha oder Pelikan?

Im zweiten oder dritten Schuljahr entbrennt zwischen uns Schülern zum ersten Mal eine zynische Rivalität um die bessere Marke: Geha oder Pelikan? Technisch sind beide auf demselben Stand, die Plastikpatronen lassen sich mit einem leichten Druck auf die kleine Kugel, die als Stöpsel fungiert, auswechseln, der Tintenfluss ist gleichmäßig. Pelikan ist blau und Geha ist grün. Und lila Tinte der letzte Schrei. An den Füllerenden kauend, üben wir uns im „Schönschreiben." Tintenkiller zum Korrigieren existieren noch nicht. In den Tiefen des nach Leder riechenden Schulranzens suchen wir ewig nach dem „Ratzke", der inzwischen auch in einem neuen Weißton zu haben ist, der weich radiert, ohne die Oberfläche des Papiers zu zerstören. Ansonsten wundern wir uns höchstens über die alten Schulbänke in den neuen, hellen Schulgebäuden und setzen zu den alten Einkerbungen und Kritzeleien unsre Zeichen ins Holz.

Alte Räume, alte Lehrer, alte Methoden – Die Schule

Vom frischen Wind, der durch die Wirtschaft weht, ist in den Schulen der 50er noch lange nichts zu spüren. Lehrermangel, Raumnot. Das alte, dreigliedrige Schulsystem – Grund-, Mittel- und Höhere Schule –, das vor allem Kinder aus Arbeiterfamilien und vom Land so wie Mädchen benachteiligt, wird festgeschrieben.

Auch pädagogisch läuft alles noch in alten Bahnen. Gehorsam, Drill, rigide Strafmethoden. Wer sich „vorlaut" benimmt oder während des Unterrichts redet, muss nach vorne kommen und seine Hand ausstrecken, die der Lehrer festhält, ehe er den Stock niedersausen lässt. Schadenfroh verkneifen wir unser Grinsen aus Angst, als Nächster eine Tatze zu beziehen. Die meisten Lehrer sind noch von der alten Garde, und manch einer hat eine vernarbte Schussverletzung und füllt die Schulstunden mit Erlebnisberichten aus seiner Zeit als Kampfpilot oder in russischer Kriegsgefangenschaft.

Die ersten Kaugummis gab's am Automaten.

Bärendreck und Brausestäbchen

Heimliche Genüsse: Süßigkeiten gab es nicht im Überfluss. Die Tafel Schokolade zum Geburtstag, der Zuckerosterhase und der Schokoladen-Nikolaus waren schon das Höchste. Ansonsten waren „Schlecksachen" häufig mit Verbot belegt, weil überflüssig. Schließlich musste man sparen. „Bärendreck" nannte man schwarze, zu Schnecken aufgerollte Lackritzeschnüre. Brausestäbchen gab es in gelb, grün, rosa und blau. Für beides investierte man sein schmales Taschengeld beim Bäcker, auf dem Nachhauseweg von der Schule.

Cowboy und Indianer

Auch über zehn Jahre nach Kriegsende gab es in den Städten neben zahllosen Baustellen noch Häuserlücken und Brachland. Unbebaute Areale, verwilderte und geheimnisvolle Grundstücke, die sich, den überall lauernden Verbotsschildern zum Trotz, ganz hervorragend zum Spielen eigneten. Zum Verstecken sowieso. Grundsätzlich traf man sich mit der ganzen Meute von Nachbarskindern und Freunden – nach Erledigung der Schularbeiten, versteht sich. Alle machten mit, wurden einbezogen. Mädchen und Jungs. Auch der fünfjährige Steppke. Und die Größeren, von denen viele den ganzen Tag den Hausschlüssel um den Hals trugen, gaben an, was Sache war. Zu „Räuber und Gendarm" war irgendwann in der Mitte des Jahrzehnts ein neues Spiel hinzugekommen. Unmerklich hatte es sich eingeschlichen, inspiriert durch die neuen Comic-Heftchen und die ersten Western im nach und nach aufkommenden Fernsehen: „Cowboy und Indianer."

Himmel und Hölle: Vergessene Spiele

Spachteln
Mit Essen hatte das typische Jungenspiel nichts zu tun, bei dem man schwere, angespitzte Holzstecken wie ein Wurfgeschoss nacheinander mit der Spitze so nahe wie möglich an einen am Spielanfang in den Boden gesetzten Stock werfen musste, um diesen auszuhebeln. Bei wem der Stock als Erster umkippte, war Sieger.

Beim Verstecken
... lehnte der Suchende sich mit dem Kopf in der Ellbeuge und – offiziell – geschlossenen Augen gegen eine Mauer oder einen Baum und rief nach einer immer

Stelzenlaufen.

Manche brachten es zum Artisten: Hula-Hoop.

gleichbleibenden Melodie: „Eins, zwei, drei, vier Eckstein, alles muss versteckt sein, hinter mir und vorne
Eins, zwei drei: Ich komme!"

Himmel und Hölle
Das Hüpfspiel mit auf dem Asphaltboden mit Kreide aufgezeichneten Feldern, das vor allem bei Mädchen beliebt war, ist teilweise noch heute bekannt.

Seilhüpfen, Stelzenlaufen und Hula-Hoop Irgendein Mädchen hatte immer ein Seil dabei. Seilhüpfen machte am meisten Spaß mit mehreren Kindern. Wer hängen blieb, schied aus.

Sackhüpfen und Bockspringen
... war eher etwas für Kinderfeste. Die Säcke rochen penetrant nach Hanf.

Immer schick mit Petticoat.

Von Maikäfern und Kaulquappen

Frösche begruben wir bei lebendigem Leib. Ameisen warfen wir dürren Weberknechten und fetten Spinnen in der Waschküche ins Netz. Maikäfer fütterten wir tagelang in durchlöcherten Schuhkartons mit frischen Kastanienblättern durch, um sie gemästet Nachbars Hühnern in die gierigen Schnäbel zu schleudern. Nur die Kaulquappen hegten und pflegten wir in Einmachgläsern, auch wenn nie etwas aus ihnen wurde.

Bei alledem trugen wir unsere kurze Lederhose. Billig, pflegeleicht und unverwüstlich: Von Hamburg bis München war sie der Inbegriff für Jungenkleidung schlechthin: Vorne mit einem Latz, zuerst mit Knöpfen verschließbar, dann auch mit den komfortableren Reißverschlüssen. Reißfest und immun gegen Löcher. Und sonntags, mit einem weißen Hemd kombiniert, konnte man mit ihr sogar in die Kirche.

Während unsere älteren Schwestern auf Petticoat standen und schicken Faltenröcken, glänzten unsere Mütter mit maßgeschneiderten Kostümen. Auch das Frauenbein bekam Mode verpasst. Dienten Strümpfe bis 1950 fast ausschließlich zum Wärmen und bestanden aus Baumwolle, Wolle oder Seide, so begann mit dem Siegeszug des Kunststoffs für den Damenstrumpf die Perlonzeit. Straff und faltenlos und ohne Halter umschloss er das Bein: „Stretch" hieß das Zauberwort.

Strickjacke, Lederhose, Kniestrümpfe: Typische Jungen-Kleidung für Schule und Freizeit.

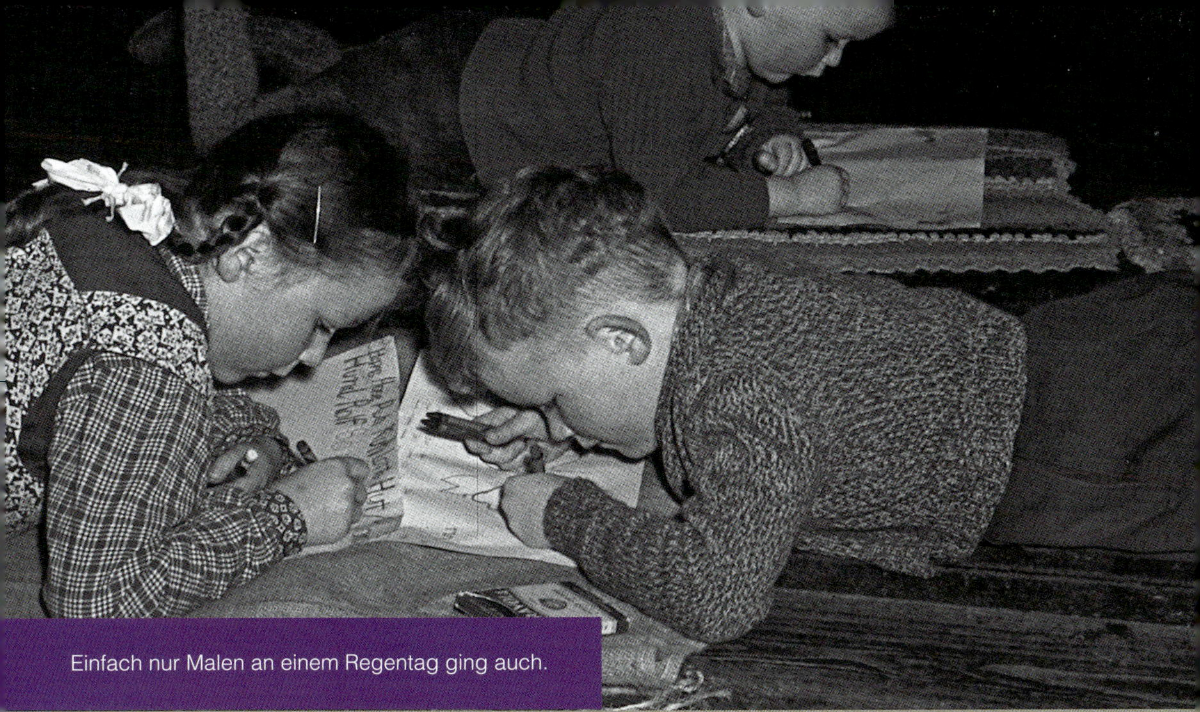

Einfach nur Malen an einem Regentag ging auch.

An Regentagen

An Regentagen rutschten wir auf dem Boden herum. Die Muster der Teppiche bildeten unsere Straßen für endlose Busfahrten mit umgedrehten, grauen Lego-Baufundamenten. Alles Greifbare wandelten wir nach den Bedürfnissen unserer Fantasie um. Mit den Holzmännchen aus dem Mensch-Ärgere-Dich-Nicht-Spiel bildeten wir Warteschlangen an den Haltestellen der Teppichkanten, an denen die Fransen ansetzten, die uns zum Meer des Parketts führten. Die Zimmer teilten wir ein in verfeindete Länder: Wohnland gegen Badland. Blaue Männchen gegen die Roten. Die Männchen ließen wir bei ihrem Abschuss von Stuhllehnen oder der Spitze eines Sofakissens stürzen.

ICH BIN BEGEISTERT
vom ERGEE-Strumpf OHNE HALTER
Ein Strumpf, der ohne Halter hält?
Jawohl - er „hält" und sitzt wie angegossen. Dabei spürt man ihn kaum, so angenehm ist er am Bein.

Mein Urteil: Sehr praktisch und besonders elegant, der ERGEE-Strumpf OHNE HALTER.

JOHANNA MATZ

JOHANNA MATZ hat recht. Besondere Eleganz und hohe Lebensdauer zeichnen den ERGEE-Strumpf OHNE HALTER aus: angenehm straff und völlig faltenlos umschließt dieser Strumpf das Bein.

Längs- und querelastisch ist der ERGEE-Strumpf OHNE HALTER, ohne zu rutschen gibt er jeder Bewegung des Beines nach und verschiebt sich auch seitlich nie, darum sitzt seine Naht stets schnurgerade.

Ergee

Das beliebte Rate-Spiel.

7. bis 10. Lebensjahr

Mädchen produzierten mit ihrer Strickliesel in endlosen Stunden endlose bunte Wollschnüre, die sie zu Puppenkleidern verarbeiteten. Jungs tauschten fachkundig Matchbox- und Wiking-Autos. Matchbox aus Metall war unverwüstlich, aber auf Kosten der Detailfreudigkeit in der Ausstattung. Unübertroffen dagegen die naturgetreue Nachbildung der kleineren Wiking-Fahrzeuge aus Plastik, die man hütete wie einen Schatz.

Kinderlieder und Abzählverse

Die Trennung des Schahs von Persien von der Filmschönheit Soraya (1958) wegen Kinderlosigkeit und seine Vermählung mit Farah Diba am 21. Dezember 1959 füllte die Klatschspalten und inspirierte einen Kinderhit, der auf den Straßen gesungen wurde – auf die Melodie des Schlagers „Marina, Marina":

„Oh Farah, oh Farah, oh Diba,
du bist zwar die Schönste der Welt.
Doch schenkst du mir kein Söhnchen
Schmeiß ich dich vom Thrönchen
Oh lass mich nicht alleine
Oh no, no no no no!"

Ein anderes Lied ging nach der Melodie von „Bolle reiste jüngst zu Pfingsten":

„Herr Maier kam geflogen
Auf einer Flasch' Benzin
Da glaubten die Franzosen
Es wär' ein Zeppelin
Sie luden die Kanonen
Mit Sauerkraut und Speck
Und schossen dem Herrn Maier
Die Unterhose weg"

Zur Melodie von „Auf der Schwäb'schen Eisenbahne"
sangen die Kinder den Schlussrefrain:

„Und zuletzt kommt unser Schlauer
Doktor Konrad Adenauer"

Camping an der Riviera

Finale Ligure, San Remo, Monaco: Wem klingen die Namen der Mittelmeerküste nicht im Ohr? Die Strände, an denen viele von uns schwimmen lernten. Der Milchladen in der schmalen schattigen Straße mit dem Vorhang aus bunten Plastikstreifen am Eingang. „Prego uno littro latte!", baten wir die

Italien war Urlaubsland Nr. 1 der Deutschen.

schmunzelnde Mamma hinter der maroden Theke mit von unserer Mama falsch angewiesener Aussprache und reichten ihr unseren Alu-Milcheimer.

Wir Geschwister schliefen im Caravan, weil Oma mit war und das Schlafzelt brauchte. Es konnte passieren, dass wir noch nach acht ohne Voransage auf das Dorffest mitgehen durften. Auf dem abendlichen Marktplatz beobachteten wir aus den Augenwinkeln die Augenwinkel unseres Vaters, der nach braun-

Fest in der Hand deutscher Urlauber: Campingplatz an der Ligurischen Küste.

7. bis 10. Lebensjahr

häutigen Italienerinnen schielte und bei den von schwermütigen Musikern zum Besten gegebenen wehmütigen Klängen antifaschistischer Widerstandslieder langsam in Bewegung geriet. Mama und Oma deuteten das „Bella Ciao" als Touristenattraktion, während wir uns neben unseren Zeltnachbarn aus Bochum durchs Festgewoge der „Partida Communista Italiana" schoben.

Betonklötze und Bausünden

Als wir zehn Jahre alt werden sind viele Straßen geteert, ganze Alleen sind Parkplätzen gewichen. Das Auto hat das Bild der Städte in einem zuvor nie gekannten Ausmaß verändert. Noch kommen die kleineren Mädchen in gehäkelten Röckchen daher, laufen die Kinder auf Stelzen, preschen Jungs in Seifenkisten die Straßen hinunter. Doch das ist bereits nur noch in Sackgassen möglich.

Der Verkehr bestimmt das Straßenbild. Fußgängerzonen setzen sich nur langsam durch. Auch müssen öffentliche Bereiche für Kinder bereitgestellt werden, da sich die Unfallzahlen häufen. Der Begriff „Spielplatz" bürgert sich ein.

In den 60er-Jahren werden die Innenstädte mit Betonklötzen überzogen.

Nicht nur die Siedlungspolitik der 60er-Jahre fügt dem Stadtbild Hochhausbau-
ten hinzu. Auch in den Stadtzentren werden Betonklötze hochgezogen, die
zwanzig Jahre später als „Bausünden" gelten. Die zentralen Plätze der Städte
haben ihre Bedeutung als Treffpunkt für Jung und Alt verloren. Sie sind durch
weiße Streifen in Felder eingeteilt, die von bonbonfarbenen Autos in Besitz
genommen werden.

Zentrum einer süddeut-
schen Stadt in den 60ern.

7. bis 10. Lebensjahr

1962-1965

Fury – Sigurd Yeah! Yeah! Yeah!

Jugendzimmer: Die ersten Poster und wild gemusterte Gardinen.

Glimmstängel

„Judenfürze" nannten wir sie, ohne zu wissen, was wir da sagten. Die ersten Glimmstängel. Wir schnitten sie uns im Wald aus dürren trockenen Ranken, die in der Mitte die zum Durchziehen geeigneten Luftschächte besaßen. „Ziehen, nicht blasen!", lernten wir von den Älteren, die auch schon Marlboro kannten. Dass es uns kotzübel davon wurde, schreckte uns nicht ab.

Chronik

24. Oktober 1962
Die „Kuba-Krise" – ausgelöst durch die Aufstellung sowjetischer Raketen auf dem Inselstaat – spitzt sich durch die Seeblockade der USA zu. Erst Jahre nach dem 1963 beigelegten Konflikt erfährt die Öffentlichkeit, wie knapp die Welt vor einem Atomkrieg stand.

26. Oktober 1962
„Spiegel-Affäre": Aufgrund eines kritischen Berichts über die NATO lässt Verteidigungsminister Strauß den Verleger Rudolf Augstein und Redakteure des Nachrichtenmagazins „Der Spiegel" verhaften. Die illegale Nacht-und-Nebel-Aktion kostet Strauß den Posten und löst eine Regierungskrise aus.

14. Januar 1963
Die Bundesrepublik bricht ihre diplomatischen Beziehungen zur DDR ab.

26. Juni 1963
John F. Kennedy bekennt sich bei seinem Westberlin-Besuch vor dem Rathaus Schöneberg mit seinem historischen Satz „Ich bin ein Berliner" zum Status von Westberlin.

11. Oktober 1963
Ludwig Erhard wird als Nachfolger von Konrad Adenauer zum Bundeskanzler gewählt.

22. November 1963
John F. Kennedy wird in Dallas (Texas) ermordet.

14./15. Oktober 1964
Der sowjetische Partei- und Regierungschef Chruschtschow wird gestürzt. Nachfolger werden Leonid J. Breschnew (Parteichef) und Alexej N. Kossygin (Regierungschef).

19./20. Januar 1965
Der Warschauer Pakt schlägt eine europäische Konferenz zur Sicherheit in Europa und einen Nichtangriffspakt mit der NATO vor. Beginn der „Entspannungspolitik" in Europa.

13. Februar 1965
US-Präsident Johnson befiehlt die Bombardierung militärischer Ziele in Nordvietnam.

19. August 1965
Die Verkündung milder Urteile im Prozess gegen 21 Kommandanten des KZ Auschwitz führen zu starken internationalen Protesten.

Auch im Urlaub ist der Fotoapparat immer mit dabei.

Vom ersten Taschengeld mühsam zusammengespart, war unser erster Fotoapparat unser ganzer Stolz. Den Schwarz-Weiß-Film ließ man im Fotogeschäft entwickeln, nur von den besten Negativen ließ man Papierabzüge machen. Doch bald kamen schon die Instamatic-Kameras auf den Markt, die idiotensicheren, wie man sagte, kompakt, handlich, die Minilinse eben eingelassen ins Gehäuse. Nur auslösen musste man noch: Mit einem mechanischen Hebel.

11. bis 14. Lebensjahr

Hinter vorgehaltener Hand

Die Fernsehnachrichten hatten es gemeldet, und sofort steht das alte Kriegsgespenst im Wohnzimmer. Auf Kuba stellen die Russen Raketen gegen Amerika auf. Es gibt Krieg, wenn sie nicht damit aufhören. Den dritten Weltkrieg. Den Atomkrieg. Immer die Russen. Die fangen immer an, Unfrieden zu stiften. Sie helfen Fidel Castro, der ein Kommunist ist. Adenauer hatte es auch gesagt, dass die Kommunisten unser Unglück sind. Hatte Hitler vielleicht doch recht gehabt? Fragen über Fragen. Aber gefragt wird nicht.

Stattdessen hörten wir: „Bei Adolf hätte es das nicht gegeben!" – Ein gängiger Spruch in vielen familiären Diskussionen über alle möglichen Ereignisse, über die sich Großeltern und Eltern empörten.

Und Anlässe gab es viele: Die „Halbstarken" – die verdorbene Jugend –, die „Negermusik" – womit nichtdeutsche Musikrichtungen gemeint waren –, und Verbrechen.

Seufzend erinnerten die Großeltern sich an die „schwere Zeit" mit Worten wie „Wir hatten ja alle nichts!", um dann wie abgesprochen mit der Redewendung: „Man darf das ja heute nicht mehr laut sagen, aber ..." weitere Sätze folgen zu lassen: Vorurteile gegen alles, was ihnen fremd war. Die „Polacken" aus dem Osten, die Kommunisten, die Juden.

Bereits 1935 erschien der KZ-Bericht „Die Moorsoldaten" von Wolfgang Langhans. Der Regisseur, Schauspieler und Theaterleiter verfasste auch den Text für das dazugehörige Lied.

Und wir übernahmen noch bis ins Erwachsenenalter unreflektiert die Formel „bis zur Vergasung", wenn wir zum Ausdruck bringen wollten, eine Sache sei über die übliche Grenze hinaus verfolgt worden. Geschickt nützt Adenauer die alten Ressentiments für seine Politik der Wiederbewaffnung. Wie schon „unter Adolf" stand der Feind im Osten.

 Während die ersten von uns eine Pollenallergie entwickelten, wurde die Klasse geteilt, und die Wege der Freunde und Mitschüler trennten sich. Hauptschule, Realschule, Gymnasium. „Unsere Kinder sollen es mal besser haben!", hieß die Devise vieler Eltern und sie fragten: „Oder willst du dein Leben lang anderen Leuten den Dreck weg-machen?" Wer eine weiterführende Schule besuchte, stürzte sich auf Englisch, Französisch oder Latein. In jedem Fach ein anderer Lehrer, und endlich ein, zwei Junglehrer darunter. Wir verloren uns in die Farbabbildungen in unseren neuen Erdkunde-Büchern und träumten uns über unseren Horizont hinaus zu anderen Kontinenten.

Noch spielten wir Eisenbahn und Indianer

Die meisten hatten schon vor Jahren ihre elektrische Eisenbahn bekommen, die es ab 1954 zu kaufen gab. Hin und wieder konnten wir unsere Väter dazu bringen, uns an den Trafo zu lassen. Mit Freunden stritten wir uns über die Vorzüge und Nachteile von Fleischmann und Märklin. Wenn wir keine Lust mehr hatten, gingen wir auf den Fußboden über, wo wir unsere Indianerfiguren und Cowboys aus Hartplastik aus dem Schuhkarton leerten. Im Frühjahr packten wir unsere Drahtesel, und wer zu Ostern einen chrommummantelten Tacho geschenkt bekommen hatte, durfte damit angeben.

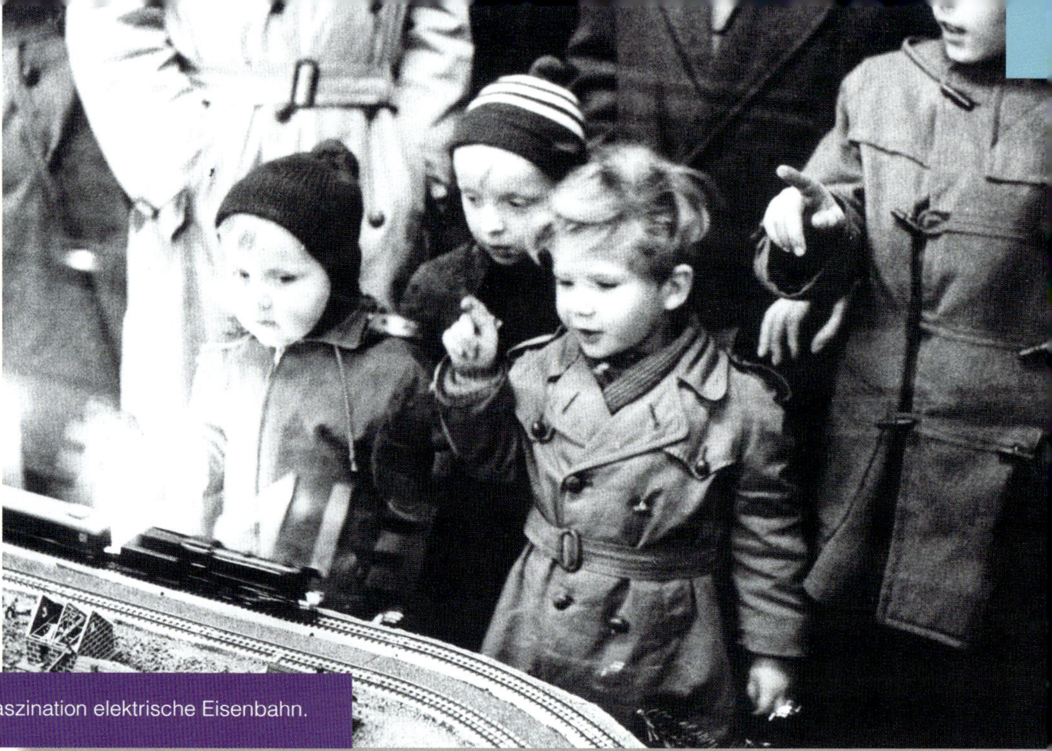

Faszination elektrische Eisenbahn.

Mit den älteren Geschwistern zogen wir in die „Badeanstalt“ bzw. ins „Schwimmbad“ oder an den See. Schamhaft zogen wir die Badehose noch zu Hause drunter, und nach dem Baden kam die Hose wieder über das nasse Zeug. Die Mädchen verschwanden in den Umkleidekabinen, wo man die geheimen Kritzel-Botschaften an den Wänden zu enträtseln versuchte. Niemand sprach darüber. Sonntags war man mit den Eltern da, und die jüngeren Geschwister mussten den von uns vererbten Kapuzinerbademantel nach dem Planschen anziehen, damit sie sich nicht erkälteten. Sonnenbrillen waren cool, auch wenn man das noch nicht so ausdrückte, und Bikinis in manchen Freibädern noch immer verboten.

Teilnehmer am Verkehrsunterricht, 1962.

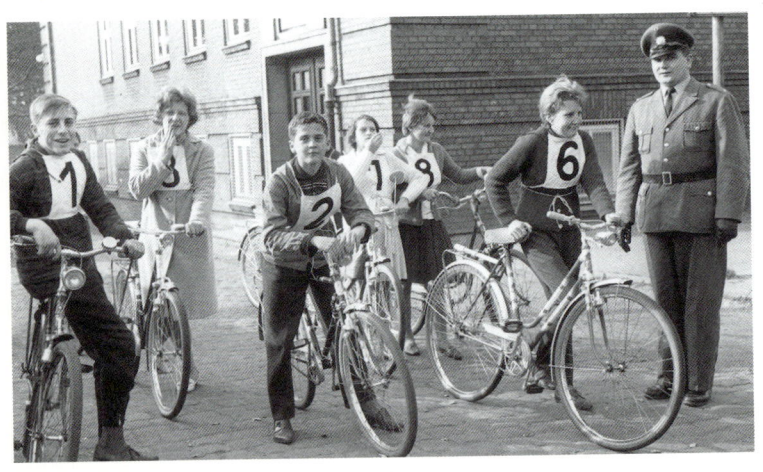

Abenteuer auf dem Bildschirm

„Na Fury, wie wär's mit einem kleinen Ausritt, hast du Lust?" Wem klingt der Satz des zehnjährigen Waisenjungen Joe nicht noch im Ohr, wenn er den Hals seines schwarzen Hengstes streichelt, der nur ihm gehorcht? Die ersten Kinder-TV-Serien aus den USA und Großbritannien eroberten die Herzen einer ganzen Generation. Dabei besaßen längst nicht alle Familien schon ein eigenes Fernsehgerät. Zum Fernsehen lud man ein oder wurde eingeladen. Gemeinsam Film gucken im Wohnzimmer – das hatte es zuvor noch nie gegeben.

Rin Tin Tin
Die erste Kinder- und Jugendserie im deutschen Fernsehen, in den USA produziert, lief am 16. Februar 1956 um 21.25 Uhr an und drehte sich um einen kleinen Jungen namens Rusty und seinen Hund Rin Tin Tin. Schauplatz der Geschichte: Der Wilde Westen im 19. Jahrhundert (164 Episoden).

Fury – Die Abenteuer eines Pferdes
47 Folgen strahlte die ARD in den Jahren 1958 bis 69 aus. Auch diese 113 Folgen umfassende moderne Westernserie um den schwarzen Hengst Fury wurde 1955–1960 in den USA gedreht. Schauplatz der Geschichte ist die einsame Ranch von Jim Newton, der Joe bei sich aufgenommen hat.

Lassie
Die Abenteuer um die treue Colliehündin Lassie, die anfangs bei den Millers und ihrem kleinen Sohn Jeff lebt, wurden ab 1958 für 581 Serienfolgen und 14 Spielfilme in den USA produziert. Die ARD begann 1960 mit der Ausstrahlung der Serie.

Ivanhoe – Ein treuer Ritter seines Königs
Nicht so ausdauernd, aber nicht weniger wirksam waren die Abenteuer des Ritters Wilfred van Ivanhoe, der im England des 12. Jahrhunderts für Gerechtigkeit kämpfte, auf dem Bildschirm präsent. Von den 26 der ebenfalls 1958 gedrehten Folgen der Abenteuerserie aus England nach dem gleichnamigen Roman von Sir Walter Scott konnten wir in Deutschland von 1962–1963 nur 13 sehen. Erst 1997 holte „arte" alle Folgen nach.

Die Karl-May-Filme mit Pierre Brice als Winnetou und Lex Barker als Old Shatterhand wurden für viele zum ersten großen Kino-Erlebnis.

Unter der Bettdecke

In irgendeiner Frauenzeitschrift mussten unsere Mütter gelesen haben, dass man heranwachsende Kinder aufklären müsse. Für die Jungs unter uns fühlten sich manchmal die Väter zuständig. Dennoch bekamen die meisten die entscheidenden Informationen auf der Straße. Da die oft verkleidet in Witzen und Anspielungen daherkamen, konnten wir uns keinen rechten Reim drauf machen. Was hatte man sich nicht gequält, und wie unverständlich war es, was sich da unter der Bettdecke regte. Plötzlich das Sperma im Schlafanzug. Fantasien, peinlich, ohne zu wissen warum. Und niemand sagte einen einzigen Ton.

Bücher, die wir verschlungen haben

Fix und Foxi und Prinz Eisenherz gehörten zu unseren Comic-Helden. Der richtige Renner wurde Mickey bei uns nie, obwohl schon 1950 das erste Heft von Walt Disneys Mickey Mouse auf deutsch erschienen war. Tick, Trick und Track, die pfiffigen Neffen des tolpatschigen Donald, kamen da schon besser an.

Oliver Hassenkamps Bücher: Für Jungs ein Renner.

Und Goofy natürlich. Die naturwissenschaftlich Begabten unter uns interessierten sich sogar für Daniel Düsentrieb.

Unser wahres Comic-Herz schlug anderswo. Sigurd und Prinz Eisenherz und die Tiger- Hefte. Auch wenn sie nie in einer Bücherliste oder Hitparade der Kinderliteratur erschienen sind. Und Salamander und Lurchi kannten wir schon lange.

Karl May war durch die Verfilmungen mit Pierre Brice und Lex Barker über Nacht wieder modern geworden. Aber auch andere Klassiker wie Mark Twain, so wie die Tierbücher von Bernhard Grzimek trafen unseren Lese-Nerv. Der Lesehunger wuchs, und der Jugendbuchmarkt entwickelte sich rasant.

Pril entspannt das Wasser

Weder hatten wir je begriffen, warum es darauf ankommt, dass Pril das Wasser entspannt, noch warum mit HB alles wie von selbst gehen sollte. Dabei hätten wir uns doch schon mit unseren elf Jahren denken können, dass Marianne Kochs

Für die meisten Kinder war ein Kühlschrank etwas Besonderes.

11. bis 14. Lebensjahr

Einsatz für den Trockenrasierer von Gilette nun auch den zukünftigen Männern unter uns den Weg ins Glück der Konsumgesellschaft weisen könnte.

Okay, Winter-Trevira aus einer Kombination von 45% Baumwolle und Schwarz-Weiß Pepita, bügelfaltenbeständig und leicht zu pflegen, war noch immer für die Frauen bestimmt. Aber wenn die Männer wüssten, wie leicht und doch mollig warm sich eine grobgestrickte sportliche Jacke aus „Dralon" aus dem Hause Bayer („Die Faser für ein unbeschwertes Leben") anfühlt, würden sie auch zur Wella-Frisiercreme oder zum Diplona-Vitamin-Haarwasser greifen. In die wirksame Haarnährpflege wurden auch wir Söhne der männlichen Zielgruppe schon einbezogen. Doch da stand uns der Plantagentrank entschieden näher. Vermutlich wegen der Tropensonne. Obwohl Ovomaltine viel besser schmeckte. Aber leider zu teuer. Und bei euch?

Ladys and Gentlemen: The Beatles

Irgendjemand hatte die Scheibe mit in die Schule gebracht, und von da an verbreitete sich die Nachricht von der Geburt einer völlig neuen Musik wie ein Lauffeuer. Vier Jungs aus Liverpool mit elektrischen Gitarren und Schlagzeug machten Furore. Doch zu Hause bekam unsere Begeisterung gleich einen Dämpfer. Klar hatten die Eltern auch schon von dieser Gruppe gehört: Das waren die mit den langen Haaren, die „Yeah! Yeah! Yeah!" in Mikrophone schrien. Das

Begeisterte Fans beim Konzert der Beatles in Essen.

war schlimmer als die ganze „Negermusik", der Jazz der 50er, meinten auch die Großeltern. Heimlich liehen wir uns eine Platte aus oder achteten im Radio, ob sie nicht „I Want To Hold Your Hand!" brachten. Von da an hatte uns das Beatlesfieber angesteckt. Erste Poster in Bravo, die schon seit 1954 auf dem Markt war, machten die Runde. Von den deutschen Versionen, die von den ersten Beatles-Songs noch herauskamen, waren wir gar nicht so besonders begeistert, schon hatten sich unsere Ohren unwiderruflich ins englische Original verbissen.

Itsy Bitsy Teenie Weenie Honolulu Strandbikini

Rex Gildo und Peter Alexander, Siw Malmkvist und Nana Mouskouri, Freddy Quinn und Drafi Deutscher: Das sind nur wenige der Namen, deren Lieder Anfang der 60er auf den ersten Plätzen der deutschen Hitparade stehen. Viele der von ihnen gesungenen Schlager sind zu Oldies geworden.

Die Beatles waren durch den abschreckenden Ruf, der ihnen vorausging, in Deutschland früher bekannt als ihre Musik, die mit „I Want To Hold Your Hand" 1964 zum ersten Mal in die Charts kam. Anlass, noch im selben Jahr gleich zwei LPs auf den deutschen Markt zu schicken („With The Beatles" und „A Hard Days Night"). Das war das Jahr ihrer ersten USA-Tournee.

Anfang der 1960er hatten die Beatles im Hamburger „Star-Club" gespielt. „Love Me Do" war die erste Single, die unter ihrem eigenen Namen herauskam. Doch die ersten Nummer-eins-Single-Hits landeten sie in Großbritannien 1963 mit „From Me To You", „She Loves You" und „I Want To Hold Your Hand". Die ersten Album-Hits „Please, Please Me" und

„With The Beatles" sind 1963 in GB 21 bzw. 30 Wochen in den Charts. Und nach dem Album „Help!" 1965 sind sie auch aus der deutschen Hitparade nicht mehr wegzudenken. Die Rolling Stones schaffen es erst 1965 mit „The Last Time" und „(I Can't Get No) Satisfaction" in die deutsche Hitparade. Aber auch Elvis war erst 1960 mit „It's Now Or Never" (O sole mio) in den deutschen Charts aufgetaucht, obwohl der Rock 'n' Roll schon seit sechs Jahren die Welt im Sturm eroberte.

Marmor, Stein ... Genau, damit wurde Drafi Deutscher berühmt.

1966–1969

Unsicher und rebellisch

Der erste Kuss

Keine Daily führte uns vor, wie es funktioniert. Von „Bravo" schnitt man sich bloß die Poster mit den Hollies oder den Kinks aus. In der Schule zeigten sie im abgedunkelten Chemieraum einen Super-8-Film über das Techtel-Mechtel eines schüchternen Jungen mit einem schüchternen Mädchen im Mini-Rock. Glücklicherweise gab es die Tanzstunden. Irgendwie kam man sich über Händchenhalten und Tuchfühlung näher. Vereinbarte sein erstes Date. Unten im Hals einen Kloß, und oben im Hals klopfte das Herz so wild, dass es jeder sehen konnte. Und doch: Auf der Bank am Waldrand oder nach Sonnenuntergang auf dem Spielplatz wussten nicht nur die Jungs, wie ein Zungenkuss

Chronik

7. Januar 1966
Die Bundesregierung erklärt ihre Unterstützung des Kriegs der USA in Vietnam.

1. August 1966
Die Kommunistische Partei Chinas proklamiert die „Große Proletarische Kulturrevolution".

1. Dezember 1966
Kurt Georg Kiesinger (CDU), in Hitlers Reichsaußenministerium für die Verbindung zu Goebbels zuständig, wird zum Bundeskanzler gewählt und bildet die Große Koalition von CDU/CSU und SPD.

2. Juni 1967
Der 26-jährige Student Benno Ohnesorg wird bei einer Demonstration gegen den Schah-Besuch in Berlin von einem Polizisten erschossen.

5. Juni 1967
Der „Sechs-Tage-Krieg" beginnt. Israel greift seine arabischen Nachbarstaaten an.

18. Februar 1968
Die Außerparlamentarische Opposition (APO) organisiert Studentenproteste in (West)Berlin gegen den Vietnamkrieg.

2. April 1968
Auf zwei Kaufhäuser in Frankfurt werden Brandanschläge verübt. Andras Baader und Gudrun Ensslin werden festgenommen.

11. April 1968
Attentat auf den Vorsitzenden des Sozialistischen Deutschen Studentenbundes (SDS), Rudi Dutschke, der Jahre später an den Folgen seiner Verletzungen stirbt.

11. Mai 1968
Bundesweite Proteste gegen die Notstandsgesetze.

20./21. August 1968
Den Reformbestrebungen der tschechoslowakischen Regierungsspitzen Dubcek und Svoboda („Prager Frühling") werden durch den Einmarsch von Truppen des Warschauer Paktes ein Ende gesetzt.

20. Juli 1969
Die amerikanischen Astronauten Neil Armstrong und Edwin Aldrin landen als erste Menschen auf dem Mond.

21. Oktober 1969
Willy Brandt (SPD) wird Bundeskanzler.

Auf dem Weg zum Beatschuppen: „Rote Lippen soll man küssen".

funktioniert. Mädchen konnten sich mit sechzehn sogar die Pille verschreiben lassen. Mit Einverständnis der Eltern. Im Schullandheim wagte man sich vielleicht ans Petting, aber nur, wer über irgendeine Underground-Schiene gesicherte Infos besaß über die Grenze zwischen Anfassen und Baby machen. Als Oswald Kolle, der uns Sex als sterile Turnübung verkaufte, sich in unser Bewusstsein drängte, war es schon zu spät. Für Günter Amendts ultimatives Aufklärungsbuch „Sexfront" (1970) noch zu früh.

Tuchfühlung

Tanzstunde: Von der neuen Welle aus Großbritannien keine Spur. Wir lernten Cha-Cha- Cha, Fox, Tango und – na gut – in Folge der Rock 'n' Roll-Welle der 50er – auch Twist. Doch gerade beim modernsten Tanz mussten wir auf Distanz zum Partner gehen. So warteten wir an Tanzabenden geduldig auf den „Stehblues", weil man da endlich „auf Tuchfühlung" gehen durfte, ganz offiziell. An anderen Abenden gingen die Mädchen wieder in ihren Mädchenkreis, die Jungs in die Jungschar oder zu den Pfadis. Jugendhäuser gab es noch nicht. Die waren vorwiegend das Ergebnis der sich nach den 68er entwickelnden politischen Bewegungen, vor allem der Lehrlingsbewegung.

Lange Haare und unsere Musik

„Der Untergang des Abendlands" – das war der Tenor erster elterlicher Reaktionen auf die „Pilzköpfe" der Beatles gewesen, und jeder Junge, der sich fortan die Haare wachsen ließ, lief Gefahr, als „Gammler" verschrien zu werden. Als wir unsere eigene Band gründeten, setzten wir uns mit der Klampfe vor den Plattenspieler und hörten die Akkorde ab. Jedes Mal waren wir entzückt über die Stelle, wenn George Harrison bei der dritten Strophe von „Help" wieder mit der zweiten Stimme einsetzte.

Wir liebten die Stimme von George Harrison, den wir mit seinen eigenen Kompositionen hoch schätzten, und belächelten Ringo, weil er überhaupt keine Rockstimme hatte und von dem unsere Musikexperten in der Klasse behaupteten, er könne am Schlagzeug das Tempo nicht halten.

Lange Haare: Nicht immer Ausdruck von Rebellion.

Beatbands und Beatfestivals von Schülern schossen wie Pilze aus dem Boden.

Glaubenskriege entbrannten zwischen den Anhängern der Stones und der Beatles. Die Stones brachten wie keine andere Band unser rebellisches Lebensgefühl zum Ausdruck, was sich in Songs wie „(I Can Get No) Satisfaction" zeigte. Bei unseren Auftritten mit der eigenen Band war ein Hut auf dem Kopf unseres Pianoplayers oder eine locker vom Hals des Schlagzeugers fallende großkarierte Krawatte schon das Äußerste an Show. Es war die Musik, die uns bannte. Nur die Musik.

Roter Libanese

„Wie der Rote Libanese eines Tages in unserem Partykeller gelandet ist, stellte sich erst später heraus. Irgendein Kumpel schälte das daumengroße Teil, das wie eine zusammengepresste braune Brotkrume aussah und merkwürdig fremd nach einer Mischung aus Teer und Kuhmist roch, aus einem Staniolpapier. Jemand zerkrümelte es auf ein weißes Blatt Papier, und dann wurde es mit wenig Pfeifentabak vermischt in eine arabische Wasserpfeife gestopft, von der aus mehrere Schläuche zum Inhalieren wegführten. Also saßen wir alle schließlich im Kreis und rauchten.

Irgendjemand hatte offenbar an alles gedacht, um dieses Ereignis zu zelebrieren – bis auf die Musik. Ich weiß noch, dass im Hintergrund die Platte von Udo Jürgens lief: ‚Und immer wieder geht die Sonne auf'. Eigentlich völlig unpassend, aber es war uns egal. Wir ließen uns nach hinten sinken und verschmolzen in

unserem Haschischrausch völlig mit der Musik. Obwohl ich den Schlager noch nie zuvor gehört hatte, konnte ich den Text noch zwei Stunden später fehlerfrei aufsagen. Doch dann war der Spuk schlagartig vorbei. Wortfetzen blieben im Gedächtnis zurück und die nüchterne Erkenntnis, dass wir uns nicht vorstellen konnten, unter dem Einfluss von Haschisch unsere mündlichen Abiprüfungen zu bestehen – so wie das amerikanische Studenten angeblich erfolgreich vorexerziert hatten." (Interview-Protokoll Johannes Z., Jahrgang 1951.)

Verbrannte Erde

Lange bevor die USA in Vietnam Truppen einsetzen, führt die unter kommunistischer Führung stehende vietnamesische Unabhängigkeitsbewegung „Liga für die Unabhängigkeit Vietnams" (Vietminh) einen Guerillakrieg (1941–1945) gegen die Japaner, die im Zweiten Weltkrieg Indochina besetzt hatten. Er endet mit dem Rückzug Japans und der Proklamation der „Demokratischen Republik Vietnam" 1945 durch Ho Chi Minh.

Am 23. November 1946 beschießen französische Kriegsschiffe die nordvietnamesische Hafenstadt Haiphong. Obwohl die USA ab 1950 Frankreich mit Militärberatern und umfangreicher Finanzhilfe unterstützen, erleiden die Franzosen 1954 eine endgültige militärische Niederlage. Doch der von der Indochina-Konferenz mit dem Genfer Abkommen 1954 angestrebte Weg zu gesamtvietnamesischen Wahlen wird von den USA blockiert. Sie setzen in Südvietnam den Diktator Ngo Dinh Diem ein, der das Land zu einem antikommunistischen Vorposten ausbaut.

Am 13. Februar 1965 befiehlt US-Präsident Johnson die systematische Bombardierung Nordvietnams. Der Truppeneinsatz der USA wird auf über eine halbe Million US-Soldaten erhöht. Napalmeinsätze, chemische Entlaubung durch Herbizide und Dauerbombardements entvölkern ganze Landstriche in Südvietnam. US-Truppen richten Massaker (My Lai) an der Zivilbevölkerung an. Während weltweit die Kritik am amerikanischen Militäreinsatz, der sich immer mehr als aussichtslos erweist, wächst, erklärt die deutsche Bundesregierung noch 1966 ihre ausdrückliche Unterstützung des Kriegs der USA in Vietnam. 1969 nimmt der Sonderbeauftragte der USA, Henry Kissinger, Geheimverhandlungen mit Nordvietnam auf mit dem Ziel des Rückzugs.

Nach dem Waffenstillstandsabkommen 1973 ziehen die USA ihre Truppen aus Südvietnam ab. Am 30. April 1975 wird Saigon von Einheiten der „Provisorischen Revolutionsregierung" der FNL („Nationale Befreiungsfront von Südvietnam") besetzt: Das Ende des Vietnamkriegs. 1976 werden Nord- und Südvietnam als „Sozialistische Republik Vietnam" wiedervereint. Doch schon zwei Jahre später beginnt ein nicht enden wollender Flüchtlingsstrom aus Südvietnam.

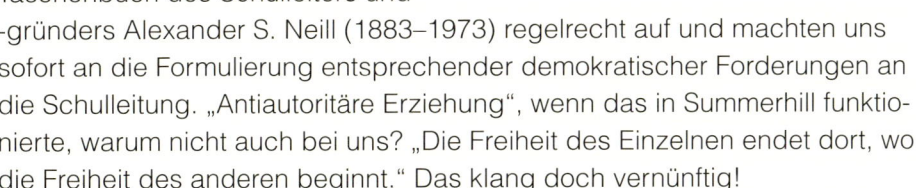

Mao-Bibel.

WORTE DES VORSITZENDEN MAO TSE-TUNG

Summerhill

Irgendjemandem war ein Artikel in die Hände gefallen, und sofort stürzten sich alle darauf. In Großbritannien sollte es eine wirklich demokratische Schule geben, in der sich die Schüler selbst organisierten. Repressionsfreie Erziehung, Freiwilligkeit des Unterrichts? Und das noch mit Erfolg? Wir fraßen das Taschenbuch des Schulleiters und -gründers Alexander S. Neill (1883–1973) regelrecht auf und machten uns sofort an die Formulierung entsprechender demokratischer Forderungen an die Schulleitung. „Antiautoritäre Erziehung", wenn das in Summerhill funktionierte, warum nicht auch bei uns? „Die Freiheit des Einzelnen endet dort, wo die Freiheit des anderen beginnt." Das klang doch vernünftig!

Vor allem aber gefiel uns, dass man in Summerhill der Meinung war, kein Erwachsener habe das Recht, ein Kind nach seinem Bild zu formen, und Liebesentzug, Moralpredigten und Angstmachen waren verboten. Summerhill war nicht Anarchie, es gab strenge Regeln, deren Einhaltung Kinder und Erwachsene gleichberechtigt überwachten. Aber es blieb ein Modell. Ein Modell, dessen Geist viele von uns inspirierte.

Im Sog der 68er-Bewegung fahndeten wir nach dem autoritärsten Lehrer, stellen den Sinn von Hausordnungen und Strafen jeder Art infrage, brandmarken den „Konsumterror" der Gesellschaft und halten die Schülermitverwaltung für eine Farce, da sie außer einem Minderheiten-Stimmrecht nur die freiwillige Verpflichtung enthält, Busfahrten zu Theater- und Konzertveranstaltungen zu organisieren. Gott ist sowieso tot. Der „Politische Arbeitskreis Oberschulen" (PAO) sieht – beeinflusst von kursierenden Flugblättern, die an den Hochschulen verteilt werden – in der Volksrepublik China den „treuen Freund der indochinesischen Völker in ihrem gemeinsamen Kampf gegen den US-Imperialismus." Und eines Tages öffnet einer die Hand: Ein kleines Büchlein mit rotem Plastikumschlag: Die „Mao-Bibel" – die legendären „Worte des Vorsitzenden Mao Tse-Tung". Frisch per Post vom Verlag für fremdsprachige Literatur aus Peking.

Mit gemischten Gefühlen:
Die Mondlandung 1969

Dass im Run auf den Mond die Russen den Amerikanern immer um eine Nasenlänge voraus waren, hat uns schon als Kinder genervt. Schon 1957 hatten sie ihren ersten Sputnik ins All geschossen, und noch im selben Jahr schickten sie die Hündin Laika hinterher, die als erstes Lebewesen im All die Erde ein Jahr lang umkreisen durfte, um dann im April 1958 samt der Rakete zu verglühen. Rückkehr war technisch noch nicht machbar. Aber schon 1961 folgte Juri Gagarin im Raumschiff Wostok 1 ihrer Asche nach, und jetzt sind auch die Amis so weit und schießen Shepard ins All. 1967 bleibt Apollo 1 auf der Startrampe hängen, die Astronauten verbrennen in der Kapsel.

Doch am 24. Dezember 1968 umkreist das bemannte Raumschiff Apollo 8 erstmals den Mond – probeweise, und dann endlich, am 20. Juli 1969, betreten Neil Armstrong (als Erster) und Edwin Aldrin (als Zweiter) den Mond. Vier Tage später kehren sie mit ihrem Piloten

Die Hungersnot in Biafra erschütterte uns.

Michael Collins wohlbehalten zur Erde zurück. Obwohl er immerhin der zweite Mensch war, der jemals seinen Fuß auf den Boden des Mondes stellen durfte, war von Edwin kaum mehr die Rede – das Schicksal aller Zweiten. Die ersten Worte, die Armstrong sagte, klingen bis heute nach: „That's one small step for a man, one giant leap for mankind."

Wir damals 17- und 18-jährigen Schüler hatten der Live-Übertragung im Ersten sowieso mit gemischten Gefühlen zugesehen, waren doch die Bilder von der Hungersnot in Biafra noch immer präsent. Einige von uns hatten mit der Spendenbüchse für die notleidenden Kinder gesammelt. Über zwei Millionen Menschen wurden 1967 im Bürgerkrieg des westafrikanischen Staates getötet oder verhungerten. Warum, fragten wir uns, schießt man für Milliarden von Dollars Menschen auf einen sich zufällig in der Nähe befindlichen Erdtrabanten, so lange es noch Menschen auf der Erde gibt, die man mit 50 Pfennig pro Tag vor dem Hungertod retten kann?

1967 verunglückten drei Astronauten bei simulierten Startvorbereitungen.

Die Rebellion der 1968er

Die mangelnde Auseinandersetzung mit der Zeit des Nationalsozialismus, die Sattheit einer vor allem aufs Materielle ausgerichteten „Konsumgesellschaft" und ihres „Establishments", das die Außenpolitik der USA weitgehend kritiklos unterstützte, nicht zuletzt aber auch eine wachsende berufliche Perspektivlosigkeit waren die tieferen Ursachen der Studentenbewegung. Ihre Aktionen stießen zwar in weiten Teilen der Bevölkerung auf Ablehnung, doch langfristig wirkten die Impulse, die von ihr ausgingen, bewusstseinsverändernd in die Gesellschaft hinein. Von der Sexualität bis zu den Ursachen von Kriegen – alle Erscheinungen des gesellschaftlichen Lebens wurden kritisch hinterfragt. Auslöser der Proteste waren vor allem die Überfüllung der Universitäten und bürokratische Strukturen, aber auch Fahrpreiserhöhungen im öffentlichen Nahverkehr, gegen die sich die Schüler in größeren Städten zur Wehr setzten. Bald mündete die studentische Kritik in eine generelle Auseinandersetzung mit dem verkrusteten Gesellschaftssystem der Bundesrepublik – mit einem ehemals aktiven Mitglied der NSDAP, Kiesinger, an der Regierungsspitze, dem Krieg der USA in Vietnam und deren Unterstützung diktatorischer Regime in der Dritten Welt.

So forderte der Sozialistische Deutsche Studentenbund (SDS) mit Rudi Dutschke an der Spitze zunächst mit Teach-Ins, Sit-Ins und Go-Ins die Elite der Universitäten unter dem Slogan „Unter den Talaren Muff von 1000 Jahren" heraus. Schließlich jedoch – in der Auseinandersetzung mit den Grundlagen des Marxismus – entdeckten viele Aktivisten im kapitalistischen System selbst die Ursache allen Übels. Dazu kam, dass die Bildung der Großen Koalition von SPD und CDU/CSU die parlamentarische Opposition außer Kraft setzte, was die Bildung einer Außerparlamentarischen Opposition, die als APO in die Geschichte einging, regelrecht provozierte.

Personell umfasste die APO neben Angehörigen der Studentenbewegung auch Schüler, Kriegsdienstverweigerer, Ostermarschierer, Intellektuelle, Altkommunisten und andere Menschen. Bei einer Demonstration gegen den Schah in Westberlin 1967 wird der unbeteiligte Student Benno Ohnesorg von einer Polizeikugel tödlich getroffen. Erst 2009 stellt sich heraus, dass der Todesschütze inoffizieller Stasi-Mitarbeiter war. Ein Rechtsradikaler verübt auf Rudi Dutschke einen Mordanschlag, an dessen Folgen er wenige Jahre später stirbt. Die dadurch ausgelösten „Osterunruhen" 1968 richteten sich vorwiegend gegen die Springerpresse, die zuvor eine regelrechte Hetzkampagne gegen die Studentenbewegung und Dutschke entfacht hatte.

Noch im Mai 1968 verabschiedet der Bundestag die „Notstandsgesetze", die nicht nur gegen den Widerstand der politisierten Studenten, sondern gegen starke öffentliche Proteste quer durch alle gesellschaftlichen Kräfte mit einer Zweidrittelmehrheit durchgesetzt werden. Sie sehen die Einschränkung bürgerlicher Grundrechte (wie Postgeheimnis, Freizügigkeit, Berufsfreiheit) nicht nur im Verteidigungsfall vor, sondern auch im sog. (inneren) Spannungsfall, den der Bundestag ohne Zustimmung des Bundesrates feststellen kann. Die 68er scheiterten zwar in den Zielen ihres Protestes und waren für viele ein Schreckgespenst. Dennoch ist ihre Wirkung unumstritten als Motor für gesellschaftliche Entwicklungen, die ohne sie nicht möglich gewesen wären.

Filme, die Geschichte schrieben

Während Sex, Gewalt und Antikommunismus der James-Bond-Filme die Kinokassen klingeln lassen, ernten junge europäische Autorenfilmer wie Volker Schlöndorff, Jean-Luc Godard und Federico Fellini mit Tabuthemen wie Homosexualität und Abtreibung offene Ablehnung. Gegen Roman Polanskis Berlinale-Beitrag „Ekel" protestieren 1965 Zehntausende Bürger mit der „Aktion Saubere Leinwand", denen sich 200 CDU-Abgeordnete mit einer Petition anschließen.

Wir 1951er sind zwar noch zu jung, um uns selbst ein Bild über ambitionierte Filme machen zu können, doch zwei Jahre später wendet sich das Blatt. Während wir Publikumsrenner wie „Zur Sache, Schätzchen" mit Uschi Glas und Aufklärungsfilme wie „Helga" von Oswald Kolle sehen dürfen, etabliert sich der „Junge Deutsche Film" in Cannes, und Namen wie Kluge, Herzog und Fassbinder sind bei Cineasten schon keine Geheimtipps mehr. Mit achtzehn wissen auch wir, wer Stanley Kubrik ist und werden endlich Zeugen der großen Leinwanderfolge „Z" (Costa-Gavras), „Wolfsjunge" (Truffaut) und Dennis Hoppers Road-Movie „Easy Rider".

Blick in die Fabrikationshalle des Waschmaschinenherstellers Zanker in der Universitätsstadt Tübingen.

Ferienarbeit

Es wurde zu eng. Überall hing der Mief. Zu Hause, in der Schule, in der Ausbildung. In den Ferien begannen wir, unser Taschengeld aufzubessern, um uns finanziell etwas Unabhängigkeit zu verschaffen. So stellten wir uns in den Sommerferien in einer Waschmaschinenfabrik für zwei, drei Wochen ans

Fließband, wo wir in Italien montierten No-Name-Fabrikaten das Firmenzeichen eines deutschen Markenherstellers anschrauben durften. Wir lernten die ersten Gastarbeiter kennen und entdeckten die zwei Seiten der Welt: Widerständler gegen die griechische Militärdiktatur und deren Befürworter Mann neben Mann bei Bosch.

Wir deckten Dächer und holten uns als Bauarbeiter an den ersten Umgehungsstraßen Schwielen an den Händen. Da wir zu Hause wenigstens Sparen gelernt hatten, begaben wir uns mit dem Verdienst aus den meist nicht mal so übel bezahlten Jobs auf Tramptour mit einem Kumpel. Frankreich, Griechenland und Skandinavien waren diesmal dran.

Das legendäre Musikfestival für den Frieden

Vom 15.–17. August 1969 wird auf den Wiesen des Farmers Max Yasgur aus White Lake, nahe der Ortschaft Bethel (150 km von New York) ein Musikfestival für den Frieden geplant. Man erwartet 60 000 Besucher. Auf den Weg macht sich eine Million Menschen, von denen wegen des Verkehrschaos' nur etwa die Hälfte Yasgurs Wiese erreicht. Nicht nur die Musiker müssen mit Helikoptern eingeflogen werden, sondern auch Verpflegung und medizinische Betreuung.

Die Hippie-Bewegung, die sich unter der Parole „Make Love – Not War" eingefunden hat, tanzt in der cannabisgeschwängerten Luft in langen, bunten, den Indianern nachempfundenen Kleidern zur Musik der größten Stars der Musikszene, die mit dem Konzert ein Zeichen setzen will gegen den Krieg in Vietnam. The Who sind da, Canned Heat, Ten Years After, Santana, Joe Cocker und die schon von ihrem Drogenkonsum schwer gezeichnete Janis Joplin. Die Musiker verzichten auf ihre Gage. Ihre Musik stürmt in der Folge die Charts. Die schwangere Folksängerin Joan Baez berichtet von ihrem Mann, der wegen seiner Weigerung, am Vietnamkrieg teilzunehmen, im Gefängnis sitzt, und Jimmy Hendrix zerfetzt in seinem Gitarrensolo „Star Spangled Banner" mit niedergehenden Akustik-Bomben die amerikanische Nationalhymne.

Drei Tage ohne Gewalt. Diese Botschaft erreicht auch uns 18-Jährige in Deutschland, auch wenn keiner die Hippie-Bewegung jemals ernst genommen hat.

Fahrschulen umwerben die 18-Jährigen.

Endlich 18! Und dann?

Hätten wir gewusst, dass den Fahrern des durch seine extreme Neigefähigkeit in Kurven bekannten Fahrzeugs der Ruf vorauseilte, besonders gute Liebhaber zu sein, hätten wir auf keinen noch so aufgemotzten Daimler ein Auge verwendet. „Döschewo"-Fahrer. Der 2CV – das Kultfahrzeug der jungen Generation der 50er- und 60er-Jahre. Bereits 1948 von Citroën auf den französischen Markt gebracht, eroberte die im Benzinverbrauch extrem sparsame „Ente" die Rock 'n' Roll-begeisterten Herzen der deutschen Jugend.

Mit 18 endlich den Führerschein in der Tasche, suchte jeder von uns sich seinen Platz in der Gesellschaft. Und doch befand sich bei vielen die persönliche Aufbruchsstimmung in Widerspruch zu den Verhältnissen. Lehrstellenmangel, überfüllte Hochschulen: Der wachsende Bildungsnotstand rief zunehmende Proteste hervor. Schüler und Studenten gingen auf die Straße. Die Politisierung setzte sich fort. Der „Radikalenerlass" (1972) der von Willy Brandt geführten SPD-Regierung stellte damals viele engagierte junge Menschen in die linksradikale Ecke, anstatt sie für eine lebendige Demokratie zu gewinnen. Auch der vom US-Geheimdienst CIA initiierte Pinochet-Putsch gegen den ersten demokratisch gewählten Präsidenten Chiles Salvador Allende hat viele von uns geprägt.

Letztendlich fand jeder von uns seinen Beruf, wenn auch nicht immer seinen Traumberuf. Welche Schlüsse auch immer der Einzelne aus den Verhältnissen zog – den Wunsch, sich aktiv gestaltend ins Geschehen einzubringen, haben sich viele 1951er lange erhalten – manche bis heute.

Sagen Sie ihm, dass er für die Träume seiner Jugend Soll Achtung tragen, wenn er Mann sein wird.

Friedrich Schiller: Don Carlos

Jetzt beginnt das Leben.